人類の操縦者と

The Manipulated Humanity in the Holographic Earth

【偽の地球】ホログラフィック惑星

A・ジョルジェ・C・R／高木友子

ヒカルランド

レスキューオペレーションに携わっている存在によれば、パンデミック前は救出可能な人類は20％ほどでしたが、今は更にその3分の1にすら満たないとのことです。

ウイルスを利用して相手を抹殺するテクノロジーは、地球時間にして何千万、何百万年昔から宇宙で使われていました。

アヌンナキなどのレプティリアン、インセクトイド、ドラコニアン、ヒューマノイドなどの邪悪な科学者は、すでに多くの遺伝子操作を行使していました。

遺伝子実験を重ねながら、彼らは他種族に感染を引き起こすウイルスを開発していきました。あなた方がパンデミックと呼ぶものです。征服を企てる惑星の住民を、戦うことなく絶滅に導くために利用するためです。

ポストコロナは、とても重要なテーマです。人々の体はもう二度と同じ体でなくなる、そのような可能性があるでしょう。

今まで神々により与えられた体を持っていました。これからはナノテクノロジーに従って進んでいく人工的な体を持った新人類となるかもしれません。

アヌンナキ、グレイ、ショパッツなどの地球外生命体の地球における目的達成のために、彼らの命令に従って進む人類です。

地球も宇宙も次元を変えるプロジェクトに向かって
進んでいる今、「麦と毒麦の分離」が始まっています。
聖書の言葉ですが、今の時代の現実です。

救出可能な人々を救う、これも宇宙のコマンドの仕事です。
ノアの箱舟は形を変えて存在します。
これがこれから起ころうとしているのです。

カバーデザイン　重原隆
本文仮名書体　文麗仮名（キャップス）

本編に入る前に――終わりに近づく人類のサイクル

ご存じの通り、太陽系はプレアデス星団の中の最も輝いている恒星、アルシオネの周囲を約2万6000年かけて回るという軌道を動いています。マヤ暦はその軌道に基づいて作られています。

同時に太陽系は、更に長い年月をかけて、シリウス、オリオンのリゲル、アルデバラン、カペラなどを含むルートを周回しています。

地球も他の惑星と同様、通過するルートに従い、周りの惑星などとの間で、そこに存在する文明や住民、魂との相互移動が行われているようです。

現在太陽系は、数年かけてオリオン大戦争の記憶が刻まれているゾーンを通過中とのことです。多くの恒星や惑星を破壊し、地球にも多大な影響を与えた戦争です。

その時、様々な存在が地球に亡命してきました。今は地球人類として生きる多くの人々の魂にもその体験の記憶が刻まれているようです。映画『スター・ウォーズ』も当時の戦いの記憶から生まれたものと言えるかもしれません。

そのゾーンを通過し切るまで、人類はその記憶に触れ、エモーション、マインド、メンタルを刺激しやすい非常にデリケートな時期を過ごすことになります。権力や戦争を好む人々の意識を増長しやすい危険な時期であるとも推察されます。

最近、数人の繊細な感性をお持ちの方が、追いかけられる夢、変な存在と戦う夢、戦争の中で「ゲート」を通して危機を逃れた夢など、日常では意識していないにもかかわらず、戦争に関わる夢、奇抜な夢をしばしば見るとおっしゃっていました。

不安定で先行きが見えない時代です。地球の平和を維持するためにも、私たち自身が意識的に心を平和に保ち、良い波動で地球をサポートしていくことが大切だと思います。

私たちの宇宙は二元性、つまり光と闇の創造主のプログラムの下で、あらゆるものが源に向かって成長していくシナリオがあります。光は光の役割を果たし、闇は闇の役割を果たし、光から誕生した命もあり、闇から誕生した命もあります。

地球はその二元性の濃い宇宙に存在する惑星の一つですが、地球には大きな秘密があります。霊的太陽、インナーサンです。そこに宇宙の源に繋がる神聖な秘密が隠されています。そのため、地球は誰もが欲しがる惑星の一つとなっているようです。

人類も植民地戦争に明け暮れた時代がありましたが、地球の別次元に住む地球外生命体の間でそれは依然として続いています。人類支配も主要な目的の一つです。

現在、**宇宙は地球をアセンションさせるという目的に向かい、光の監視を強化しています。**従って、今の人類史の始まりから遺伝子テストや操作など、人類に直接干渉していた闇の地球外生命体は、堂々と物質界に出現し、力を行使することができないでいます。

彼らはとても賢く、**人を通して、異なる次元から様々な形で人類のマインド、メンタル、エモーションや感情を操作し、人類社会に入り込み、人類のコントロールを行使しています。**

近年、特に1947年のロズウェル事件以降、ネガティブな地球外生命体は自分たちの目的達成を有利に導くため、権力やコントロールを望む国々や組織、個人に彼らのテクノロジーを提供し、テクノロジーによるコントロールに力を入れています。

さて、『パンデミックに突入した地球』の本が世に出てから1年半余り経ちました。2021年2月、デンマークが突如コロナウイルスに関する規制を人々の社会生活から撤廃してから人類が選択した道は、パンデミックを無視し、どんなことがあっても経済を守り抜く道でした。

経済を守るためにも、互いの健康を尊重し合い、油断することなく人としての倫理を守りつつ、規制を解除する道はあったのですが、そうはしませんでした。

レスキューオペレーションに携わっている存在によれば、パンデミック前は救出可能な人類は20%ほどでしたが、今は更にその1／3にすら満たないとのことです。

ウイルス、ワクチンに対する恐れ、ワクチンをめぐる闘争、同じ人類に対する差別意識、行動などにより、人々が大きく波動を下げたことによるものです。

パンデミックを通して抑圧されたというマインドや意識は、現在、各国の経済中心政策により娯楽意識が爆発しています。多くの人はパンデミックによる行動制限が撤廃されたので、仕事があり遊べる時間とお金があれば幸せと思っています。

コロナウイルスに対する意識も薄まるのを見ると、福島原発事故当時の放射能汚染が思い出されます。どちらも現実に亡くなる人、苦しんでいる人がいますが、時とともに意識の中から風化しつつあるようです。

世界中がノーマスクになってきているから日本もそうしたいという圧力があります。コロナウイルスは現存します。そういう社会に存在する様々な矛盾も経済活動の前には正当化され、結果、人類は一層エネルギーを下げながら進んでいくことにならないかと危惧《きぐ》されます。

このような流れの中で進んでいる今回のパンデミックも、地球外生命体と人類の関わりを知らなくては、パンデミックの本質、私たちが生きている社会の本質は見えてきません。

大半の人は自分は人として地球にやってきたと思うかもしれませんが、そうでありません。私たちのほとんどは、地球外生命体として様々な命の形を体験してきて、その後に地球へやってきて、現在魂の旅の中で、「人間」を体験しているのです。

尾っぽや鱗《うろこ》を持って生まれたりして完璧な人の形で誕生しない人もいます。物事に対する視点を変えれば、そういう事実も人の真実を知るきっかけとなるのではと思います。

地球も宇宙も次元を変えるプロジェクトに向かって進んでいる今、「麦と毒麦の分離」が始まっています。聖書の言葉ですが、今の時代の現実です。意識、エネルギー、波動、魂の進む道、行き先の分離です。

どんな生き物にもサイクルがあり、終わりがあります。今の人類のサイクルは終わりに近づいています。

今までも、恐竜など様々な命の形態が主役になった時代がありました。万物の創造の源にとって大切なのは、形ではなくその「中身」が進化し続けていくことです。

かつてムー大陸がアトランティスや地球外生命体からの攻撃を受けて沈もうとしていた時、一部の人類は光の惑星へ移動させられたとのことです。**救出可能な人々を救う、これも宇宙のコマンドの仕事です。ノアの箱舟は形を変えて存在します。それがこれから起ころうとしているのです。**

これまでヒカルランドさんを通して、アセンションシリーズなど7冊の本を世に出させて頂きました。魂に響き感動しました、やっと真実を見つけましたとおっしゃる方もいらっしゃれば、厳しいなどと批判や指摘をされる方もいらっしゃいます。

ここでご理解頂きたいのは、私たちが考えて書いた内容ではないということです。光の存在の役割は**真実を明らかにすること**です。それを訳してお伝えするのが私たちの仕事です。

存在は「伝える内容は実際よりもずっとソフトだ」と言います。法則の世界は無条件の愛ですが、同時に厳しさも存在します。

昔の僧侶でもアセンションを遂げた人はいました。それは命がけの自己修養の賜物でした。それに比べて今この時代には、素晴らしいエネルギーや沢山の存在の助けがあります。かと言って簡単にアセンションできるわけではありません。

存在の助けに値する人になるためには、インナーワークが求められます。全てがこの「値の法則」に基づくからです。
私たちに残された時間を、１分、１秒、惜しんで自分の内側の世界のために使う、本書がその原動力の一つとなり、皆様の幸せに繋がることを願っています。

訳者

目次

〈麦と毒麦〉

イエスの弟子が言った、「畑の毒麦の例えを説明して下さい。」
イエスは言われた、「良い種を蒔く者は、人の子である。畑は世界である。良い種と言うのは御国の子たちで、毒麦は悪い者の子たちである。それを蒔いた敵は悪魔である。収穫とは世の終りのことで、刈る者は御使いたちである。だから、毒麦が集められて火で焼かれるように、世の終りにもその通りになるであろう。」

マタイによる福音書

本書には、「麦と毒麦の分離」という言葉がしばしば出てきます。聖書の言葉ですが、今の人類のサイクルが終わりに近づいている現在、まさにその「分離」の時を私たちは生きているのです。

Section ❶

オリオンの風が吹く地球
――終わったハーモニックコンバージェンス

昨日私たちの媒体であるジョルジェが、宇宙史について書かれている「オリオンの風」のページをめくっていたようですが、過去起こったことは現在と未来に大変関係していることを教えてくれるという意味で、良き学びになるでしょう。

オリオンの風は、オリオンで起こった大戦争のことを意味しています。

当時、オリオン帝国があり、それは異なる起源、考え、イデオロギーを持つ様々な種族から成り立っていました。帝国設立の目的は、それら全てを平和に統治することにありました。オリオンには光とテクノロジーがありました。

しかし、反乱軍が起こした戦いがきっかけとなり、周りの宇宙を巻き込み、何百万年も続くことになる大戦争へと発展していきました。

地球でも似たようなことを起こしたいという力が働いています。地球レベルで言えば、「母なる地球の風」とでも言うのでしょうか。地球に責任はありません。

地球はこれから2026、27年頃まで、当時のオリオン大戦争のなごりの波動を受けやすい軌道を通過していくことになります。そのため、あなた方人類に潜在する当時の細胞の記憶に触れ、大変不安定な時期を過ごすことになるでしょう。

今回のパンデミックを第三次世界大戦と呼ぶ人がいました。ロシアのウクライナ侵略をきっかけに第三次世界大戦に繋がるのではと危惧した人も少なくありませんでした。

しかし、誰がこの激しい風、変化を起こそうとしているのでしょうか。誰が物事を決定したり失敗したり問題を引き起こすのでしょうか。あなた方です。

スピリチュアリティを失ったからです。そのため光の存在との結束、繋がりがなく、あなた方を守る力がしかるべく働いていません。

どうしてオリオン大戦争ではあれほど恐ろしいことが起こったのでしょうか。スピリチュアリティを失い、権力闘争に明け暮れたからです。

この地球も同じです。いつも権力者間の闘争があります。他の権力者に勝ちたい、上に立ちたいと思っています。

それでは、地球は何も進化してこなかったことを意味します。長い時を経て今日に至っても地球は昔のままです。本来なら4・7次元で振動し、5次元に触れようとしていなくてはならない時期です。

政治、経済、科学、医療、法律など人類の作った社会システムは、地球を汚し、破壊しようとしています。どうしてでしょうか。どうして人類のシステムは完全ではないのでしょうか。

当時のオリオンのシステムや気の遠くなるような長きにわたり戦時下にあった諸惑星と同じだからです。人類も誕生以来してきたのは戦うことでした。それ以前は、地球外生命体が地球の資源や人類のコントロールをめぐって戦ってきました。

戦いを知らない良い存在は追放され、その後更に強い地球外生命体がやってきて戦いがあり、負けた者は追放されました。その続きがあなた方人類社会です。あなた方の社会は、当時のコントロールシステムの延長線そのものです。

地球の人類史も、ご存じのように戦いに続く戦いの歴史です。地球が誕生してから、非人類も人類もいつも戦ってきました。霊的世界でも物質界でもそうです。

地球は、1987年に「ハーモニックコンバージェンス」を迎えやっと良いものを会得し、大きなエネルギーが降り注ぐようになり、未来が変わるチャンスが到来しました。しかし、それも終わりました。

人類や地球外生命体は、領土や資源、富、人種、種族などをめぐり戦いに次ぐ戦い、争いに続く争いにより、地球に数え切れないほどのカルマの種をまいてきました。

今地球は何もすることがありません。パンデミックも戦争も、今まで地球に起こったこと全ての歴史の続きです。

地球を支配しているシステム（体制）は崩れようとしません。根強く頑張っています。あなた方も皆、システムが存続するように望んでいます。自分たちにとって最善なものであるかのように、誰も地球のシステムを変えようと考えていません。

今あなた方ができる唯一のことは、自分の未来を変えることです。もはや人類の未来ではありません。オリオンの風は母なる地球にも風を吹かせようとしています。

Section ❷ 浮上するパラレル現実界

あなた方はパラレル現実界をどう理解しているでしょうか。定義づけるのは簡単ではありません。並行して存在する次元の世界です。地球の近く、もしくは遠くにあります。

繊細な人、感受性の高い人の中には、パラレル現実界を体験したことがある人もいるでしょう。しばしば、パラレル現実界は自分の過去世と関係しています。

あなた方は何もないところから来たわけではありません。歴史家が作った人類史がありまます。歴史家は物事を論理的に理解するように促し、人は猿、ホモサピエンスから進化してきたと教えます。

もちろん、この瞬間に至るまで肉体を持った人としての現在の人類の始まりがあります。旧石器時代、新石器時代、メタルの時代、火の時代などを経過して、人類は時空の中を進化してきました。それは物質レベルでの変化です。

私たちにとってそれでは十分でありません。人類はどこに由来するのか知る必要があります。それが人類の歴史です。

自分が誰なのか、どこから来たのか、何のために地球へ来たのかを理解するには、パラレル現実界、パラレルワールド、次元、周波数に触れなければなりません。自分の種を知ることは非常に興味深いことではないかと思います。

繊細な人は意識していなくても、パラレル現実界にアクセスすることがあります。どうしてでしょうか。

地球での生まれ変わりを通して、パラレル現実界のメモリーを消したり、蓋をすることができなかったからです。そのためどこか感覚が違うのです。

普通の人にはそのメモリーはありません。だから、一般的な思考に基づいて生きている人にあなたがそのことを伝えれば、あなたは変だということになります。

パラレル現実界は霊的世界であり、エネルギーの世界です。霊的世界に対しては誰にも責任があるわけではありません。ただメモリーが開いたまま現実界に誕生したのです。人によっては自分は人でない感じがしたりすることもあるでしょう。

パラレル現実界は感性の有無に関わらず重要なテーマです。時にはそのメモリーのため社会に溶け込めない場合があります。魂が新しく、霊的世界のメモリーが残っており、人としての人生経験も少ないからです。

霊的世界との架け橋となるはずのお坊さんに相談しても、中々理解が得られないでしょう。宗教の教本を真実として学び、それ以上のことを探求しないからです。教本は何世紀も前に人によって作られたものです。

霊的現実には教本はありません。メモリーの中にあるのです。メモリーは情報です。メモリーが開いていれば、今生きている物質界と、その人がいたパラレルワールドやパラレル現実界を共有することになります。

それは物質人生の邪魔をします。例えば、皆が笑うようなことでも、何が面白いのか分かりません。どうして周りの人がそういう行動を取るのか、そんな考え方をするのか理解できなかったりします。

ただし、パラレル現実界に対して開いているのでそうなったとしても、光の存在にとってそれは問題ではありません。

そのような人は、社会から孤立しているように感じるかもしれません。時には地球外の情報があるために苦しくなったりしても、社会の集合意識の思考形態の中で生きていかなくてはなりません。

どうして地球外なのでしょうか。地球の外の情報だからです。最近、地球外生命体を見たと言う人が増えていますね。知人や、知人の知人が見たとか言っています。UFOの音や宇宙人の声を聞いたと言う人もいます。

どうしてそういう体験をするのでしょうか。その多くは、過去やパラレル人生において地球外生命体との繋がりがあったからです。その繋がりのメモリーが消滅していなければ、テレパシーレベルで地球外生命体と繋がり続けることになります。

地球外生命体を見たり、コミュニケーションを取ったり、パラレル現実界の記憶により恐れを抱いている人は沢山います。こういう体験をしている人にとって大切なことは、スピリチュアリティを学ぶことです。物事を正しく理解し、開いているメモリーから自分を守るためです。

パラレル現実界は存在します。地球にも28の世界があります。各世界、それぞれのエネルギーがあります。あなた方はパッシブにせよアクティブにせよ、それらの世界との繋がりがあります。

そこに自分の種があるからです。無視することはできません。存在するものは存在します。それが地球における人類です。

ですからパラレル現実界は、多くの場合、あなた方の霊的、マインド、エモーショナルレベルのアイデンティティでもあります。このテーマを勉強し理解できれば、あなた方が漠然と抱いている恐れは消滅するでしょう。

肉体はエネルギーの器、スピリットの器であることを理解することが大切です。あなた方には肉体があり、その中にスピリットやエネルギーが存在します。そのため、あなた方は無意識にこれらのパラレル現実界、パラレルワールドに繋がっているのです。

パラレル現実界と先祖の世界を混同しないで下さい。全く違うものです。それはスピリットたちがいるアストラル界のことです。

例えば、あなた方が今いる物質界にもアストラル界が存在します。そこにスピリットや先祖、ガイド、守護霊などが存在しています。全て現実です。

パラレル現実界のテーマは各人と関係しているものです。パラレル現実界を理解し霊的法則に従って生きる努力をすれば、様々なことが分かるようになり、過去のメモリーに振り回されることなく強く生きていくことができるでしょう。

母なる地球がアセンションのプロセスを進み続けるに従い、パラレル現実界は一層明確な形で押し寄せ、日常生活における影響も大きくなるでしょう。

地球のアセンションのプロセスが進むに従い、パラレル現実界やパラレルワールドが人類のいる世界に接近してくるからです。

それは良いことですが、多くの人にとってそうではありません。メンタル、マインド、スピリチュアルレベルの問題を引き起こす原因にもなるからです。

どうしてでしょうか。パラレル現実界から逃げようとするためです。そして論理的世界、テクノロジー、権力、お金の世界に目を向け続けていれば、自分の思いや思考が作り出すエネルギーに応じたパラレル現実界に繋がることになるでしょう。

Section ❸ パラレル現実界にアクセスしていた画家

――赤富士はお金を呼ぶため？

以前、某美術館を訪れた時、あなた方は横山大観の絵画に魅了され、しばらく足を止めていましたね。あなた方は、彼の絵画には現在の宇宙エネルギーが感じられると驚嘆していましたが、それはどうしてか分かるでしょうか。

おそらく画家は自覚していなかったでしょうが、パラレル現実界にアクセスしていました。画家は、自然、海、海の波、富士山、龍神などを通して、それを表現しようとしたのです。

他にも自然、海、空、宇宙と繋がっていた画家は多くいました。50年、100年前に、例えば、海の絵を通して、海は地球の未来に重要な役割を果たすことを暗示しました。絵の中で表現した猛々《たけだけ》しい海は、未来の津波、地震をインスピレーションでキャッチしたものの結果であったりします。

日本では赤富士の絵画は金運を呼ぶとされていますが、本当はそうではありません。富士山は噴火する可能性が大きく、そうなれば近隣の町は全て消滅することを暗示しています。これがインスピレーションを得て赤富士を描いた当時の画家のメッセージです。

富士山を通して、火、溶岩が広がる、それを描いたものです。このエネルギーが結果としてお金に変わるのです。そのため赤富士のエネルギーには、燃焼、浄化、破壊、開く、経済力といった力があります。

各人が持つ条件、霊的エネルギーの条件により、お金や繁栄を引き寄せる人もいますが、全ての人がそうなるわけではありません。

そのように富士山が火に変わるというインスピレーションが、赤富士を描いた画家にはありました。その意味で絵は価値あるものですが、多くの場合、絵画の鑑定士など専門家は画家の思いを理解することなく、経済的価値により作品を評価、位置づけようとし、その結果、桁外れな価格がついたりします。

彼らには霊的、宇宙的インスピレーションで繋がったパラレルワールドは理解できません。高い値段がつけば、絵画の本質は消えます。

画家は、人々にインスピレーションで得たイメージや意図を、絵の中に理解して欲しかったのです。第六感、スピリチュアルな力を通して、絵の向こうにあるものを見て欲しかったのです。

有名、無名に関わらず、多くの画家は自分のＩ　ＡＭ（神我）との繋がりがあり、高いエネルギーを持ち、自分のスピリチュアリティとの繋がりの力を使って、内側に沸いてくるものを表現したのです。

しかし、絵として表現したスピリチュアリティやその内なる力は、お金で評価する社会の仕組み、競売のシステムにより消滅していきます。

絵は、違う形で見ることが必要です。自分たちが絵の中にいるかのように、その引き寄せるもの、思いのエネルギーを感じることが大切です。

これは有名画家が描いた高価なものとして見れば、絵そのものの本質は失われることはありませんが、その人にとって真の価値はなくなります。

これからインスピレーションの力は、平和、安らぎの中で生きていくために重要なものです。心が自分を見失い、コントロールされていれば、平和に暮らすことはできません。それはＩ　ＡＭと繋がっていないからです。

Ｉ　ＡＭの意識は人を導くことにあります。Ｉ　ＡＭとの繋がりは、人類が突入しつつある凄まじいプロセスを生きていくために、必要不可欠なものとなるでしょう。

Section 4 始まった光と闇の戦い・再現されるノアの箱舟
——自然という希望とあなたの使命

今、日本アルプスのふもとに来ています。この山岳地方一帯には、女神の高いエネルギーと繋がる光のポータルが幾つも存在しています。今日は、これら高い山々を見ながらこのゾーンの存在と繋がります。

仏像のように力強く大きな目を持ちグロテスクな容貌をしている存在を目の前にしています。このゾーンの内部地球に存在している存在です。今日は、その存在からの情報です。

私たちは、地球の地下水が凄まじい勢いで動いているのを感じています。それは、母なる地球の構造が変化しようとしていることを意味します。地球の水のエネルギーは強烈かつ激しくなり、地下で水を大きく動かしています。

このようなことは、あなた方の時代には一度も起きたことがありませんでしたが、これから始まろうとしています。水は霊的部分と直結しています。**水があなた方の足下で大きく動き始め、母なる地球で生き続けていくために必要な力を人類にもたらそうとしています。**そして、その水はすでにここにある、働き始めていることを知らせています。

それは、日本だけでなく全ての大陸で大きな霊的変化があること、あなた方の足下の内部地球で眠っていたエネルギーが動き始めている兆しです。

あなた方がスピリチュアリティを高め、エモーションや感情、欲望をコントロールする術を学ばなければ、水はそういったもの全てを洗い流していくことになるでしょう。

どうして今なのでしょうか？　現在、あなた方の足下には、人類をコントロールしようとしている光でないテンプル（＊便宜上、この本では神社、仏閣、教会などを総称して言う）やポータルが沢山存在しているからです。

そのエネルギーを打ち破るために、あなた方の足下の多次元、次元間に存在する光の存在は、アクティブに仕事をするようになるでしょう。

そうなれば人類社会に大きなインパクトをもたらし、経済、政治、科学、テクノロジーなど、人類が遂行しようとしているプロジェクトは全て道半ばとなるでしょう。

母なる地球はこれ以上許すことはできません。悪魔のテクノロジーを中心としたプロジェクトを続けていけば、あなた方は地球も人類も滅亡に導くでしょう。

どうしてコロナウイルス、ワクチンがあなた方の文明に登場したのでしょうか。それはウイルスもワクチンも一緒になってテクノロジーを推進していくためです。

コロナウイルスを作った科学者とワクチンを作った科学者は、それぞれ異なってはいますが、同じプロジェクトに参加しています。今まで多くのメッセージでお伝えしてきましたように、人類を分離させるために必要なことだったのです。

人類がこのまま進めば、ロボット、デジタル、AI、5Gといったテクノロジーが全人類をコントロールするようになるでしょう。人間は二次的存在となるでしょう。

断層など、内部地球にはネガティブなポータルが沢山存在しています。母なる地球は水の力を借り、進化に向けてプレートのエネルギー構造をより高いものへと変えようとしています。

地下深く流れる水は、水という物質的な部分だけでなく、激しいエネルギーも放射しています。今までネガティブなものを支えてきたあらゆるエネルギーを打破し、内部地球で新しいエネルギーを生み出していくでしょう。

そのエネルギーは宇宙から来るエネルギーと協力し合い、更に深いところにあるプレートに圧力をかけ押し出し、それらは地震、津波、火山噴火といった形となって、地球の浄化を促すでしょう。

ノアの箱舟のことは知っていますね。**地球はまさしく今、ノアの箱舟のプロセスに入ろうとしています。水の時代です。**

これから多くの水が、エネルギーと物質の双方の形でやってくるでしょう。あなた方の足下で水のエネルギーが、邪悪な地球外生命体の基地、テンプル、ポータルを破壊するために動き始めています。

光は闇に対して戦いを宣言しました。霊的、物質次元で光と闇の戦いが始まっています。

これからやってくる一連の大きな動きを通して、母なる地球にプログラムされているネガティブなプロジェクトを崩壊させ、やがてあなた方には平和が戻ってくるでしょう。

人類社会では、人々をコントロールしたがっている地球外生命体や邪神と、政治、科学、製薬会社、医療などが一緒になって同じプロジェクトを推進しています。

スマホなどのテクノロジーを通してやってくる集合意識も、あなた方のメンタルやエモーションをコントロールし、あなた方を縛るネガティブエネルギーです。

しかし水のエネルギーが来れば、その集合意識を打破し、別の集合意識のエネルギーへと誘導します。テクノロジー、政治、宗教、医療などは、その別の意識の流れが来るのを恐れています。だから、事を急いでいるのです。

彼らは、テクノロジーが発生する大量の電磁波が、人類の肉体、メンタル、マインド、エモーショナル、スピリチュアルの力を減退させることはよく知っています。だからこそ、あなた方を完璧にコントロールしようと、5G、6Gなどデジタルテクノロジーを推進し、強力な電磁波を発生させているのです。

テクノロジーに依存し続ければ、あなた方は自然界とも、神々の世界とも、無条件の愛とも縁がなくなります。その代わり、あなた方のメンタルやエモーション、感情に、夢やファンタジーの世界を作り出します。

そうしてあなた方は、生きている現実の人生、現実界、現実のエネルギー、スピリット、神々や光の存在との繋がりから遠ざかっていきます。

人類は、地球に存在しているはずの新しいエネルギーの流れから遠いところにいます。新しいエネルギーの到来は、人類自ら進化、アセンションのプロセスを妨げているので、遅れています。

人類の90％は同じエネルギーで振動し、同じ方向に向かって進んでいます。それはコントロールのエネルギーです。

残り１０％の人類が神法則と共に振動しています。光の存在はあなた方が自分に対する仕事をし、コントロールのエネルギーから自らを解き放つのを待っています。

あなた方一人一人が考え、反省し、マスコミからデジットの形で届く情報（デジタル情報）というメンタルコントロール、マインドコントロールから抜け出さなくてはなりません。それがあなた方の仕事です。

ケータイアンテナや鉄塔から発生する電磁波放射がありますが、今や鉄塔は電気を伝えるだけではありません。電気を通して、あなた方の思考形態を変える情報電磁波を放射しています。ケータイ、テレビ、ラジオ、軍事用アンテナだけでなく、鉄塔も情報を伝えているのです。

そういった情報電磁波が一日２４時間、あなた方の頭から足先まで全身を貫いています。が、気付きません。目に見えないだけでなく、感じようとしないので分からないのです。

多くの人が体を動かさず指を動かすだけで楽に生きたいと思っています。それではせっかく人に生まれたのに、動物になって死んでいきます。どうしてそうなるのでしょう？

人の体を持って誕生してもこのような人生を送っていれば、あらゆる霊的コンセプトやエネルギー、源や神々との繋がり、先祖やガイドなどの霊的存在との繋がりを失うことになり、地球のアセンションや進化の役に立つことはなくなるでしょう。

それでは人は肉と骨だけの塊になります。それがテクノロジーがあなた方にしていることです。あなた方を、神聖な法則の世界にとって役立たない物質にしようとしているのです。

人々は情報を吸収し、情報を送り返します。それにより思考形態はグローバル化していきます。思考形態がグローバル化するとはどういうことでしょうか。

皆が同じパターンで考え、同じように動き、同じように行動することです。それこそ、あなた方の為政者、宗教、テクノロジー、医療界、特に母なる地球をコントロールしようとしている地球外生命体が望んでいることです。

今あなた方は沢山の存在がいる素晴らしいゾーンに来ています。この地方だけではありません。日本にも世界にも素晴らしいゾーンは沢山存在しています。

人類よ、この神聖なエネルギー、自然のデヴァ（＊Ｐ45参照）のエネルギーを汚さないで下さい。そこに人類の希望が残されているのです。

「自然という希望」を破壊しないで下さい。そこには光の存在や神々が住んでいる光

のポータル、光のテンプルが存在しています。それらを壊してはなりません。自然をそっとしておいて下さい。

自然は木々、花、灌木《かんぼく》だけではありません。霊的エネルギーがあります。霊的エネルギーが物質を動かすのです。エネルギーがなければ形はありません。

この山々、木々、岩、火山活動、温泉の背後に誰がいるのでしょうか。命のエネルギー、神聖な霊的エネルギー、「気」という物質的なエネルギーがあります。それらのエネルギーが、唯一の神意識の中で全てを動かしています。

枯れ葉となって落ちている葉っぱ一枚一枚にも神意識が存在します。緑で生き生きとしていた時沢山のエネルギーを吸収し、落ち葉となった今も、前のように強烈ではありませんがエネルギーを受け取り放出しています。

どんな草にも石ころにもエネルギーがあり、意識があります。意識がなくなろうとしているのはあなた方です。その意識を失おうとしているからです。

進化した文明人だと感じ、小さな電子機器をポケットに入れて歩き、時間さえあれば触れています。それは文明でしょうか。様々な文明の勃興を見守ってきた私たちには、典型的なロボットに見えます。

アメリカの科学者は人体の頭部に挿入するチップを開発しています。そうすればあなた方は直接コンピュータに繋がることができます。キーボードに触れる必要もありません。頭にチップを入れれば送りたいメッセージは全てコンピュータへ行き、コンピュータは司令を出し、あなた方の人生をコントロールします。

あなた方はコンピュータに依存し、支配されるために誕生したのでしょうか。地球におけるあなた方の役割は何でしょうか。どうして地球に生まれたのでしょうか。更にコントロールされるためでしょうか。

カルマやトラウマをクリーニングし、肉体を失った後、より良い惑星に行くためではなかったのでしょうか。もしくは地球のアセンションを助けるためにこの惑星に残り、働くためではなかったのでしょうか。これが本来のあなた方の役割です。

あなた方の役割は、ロボットであるコンピュータと繋がり、自分もロボット化して人生を終えることではありません。人類には、何百年、何千年、何万年も進んだテクノロジーを持つ地球外生命体が羨むような脳があります。神意識とさえ繋がれば、自分がコンピュータのようになるのです。良い意味で神意識によりコントロールされている脳があります。

神意識とは何でしょうか。万物を動かすものです。物、エネルギー、思考形態など全てを動かすものです。コンピュータには思考形態など存在していません。でもあなた方にはあります。良いものにせよ、悪いものにせよ、皆持っています。

更にあなた方にはスピリットがあります。それはあなた方がもっと向こうの世界と繋がる可能性を秘めていることを意味します。コンピュータはもっと向こうの世界とは繋がりません。あなた方の脳は自動的に動きます。コンピュータは電源がなければ機能しません。人の脳は機能します。

あなた方はいつも神聖な刺激を受け取っています。神意識が頭を動かしています。問題は自分の脳を、時代に従って進化させようとしていないことにあります。脳が持つ能力を50、60％働かせていなくてはならない時期です。

50、60％の能力を発揮すれば、人類は小さな神々のようになります。そうなれば、ケータイやVRなどのテクノロジーは無用となります。

唯一の神意識を通してあらゆる情報を手に入れることができるようになり、時空を超えて多次元宇宙の旅をすることができるようになるでしょう。

神々や光は無数存在しますが、神意識は一つです。あなた方はその神意識を通して情報を受け取ることができるのです。

神意識との情報交換「霊的テレパシー」は、今までのマインドレベルのテレパシーとは異なります。あなた方が光の存在とコンタクトがある時、その存在を通し時空を超えて霊的ラインをキャッチし、パラレルワールドと繋がり、情報交換することができるようになります。それを「霊的テレパシー」と言います。

今は時代も異なります。昔は時期尚早のため、光の存在たちが時空の中に保管していた情報をキャッチするチャンスがあります。それは人類に期待されていたことです。だからあなた方は地球に誕生したのです。カルマやトラウマを浄化するためだけではありません。神聖なテレパシー能力を進化させるために誕生したのです。

これは何の役に立つのでしょうか。肉体を失い自己準備のために別の惑星に行くか、地球に残ってこの惑星のために働くことになった時、今ここで学んでいることを通して、様々な神々や光の存在とのコミュニケーションを取ることができるようになるでしょう。

そのために今地球にいるのです。神々とコミュニケーションを取り、地球の進化、アセンションのために、霊的世界でも仕事をし続けられるよう脳を進化させるべくいるのです。それが人類の仕事です。ロバになって今の人生を終えることではありません。

しかし、**人類は間違えました。多くの人が自分の脳ではなく、テクノロジーの中に入り込んでいます。もう人としての原点に立ち返ることはないでしょう。あの小さな**

機器が人の全てになっているからです。

ドラッグ患者と同じです。ドラッグを使用するとエモーションが刺激されます。ドラッグを通してどこへトリップするか知りませんが、トリップしてファンタジーの世界を作り、エモーションが動きます。

ドラッグをやめれば苦しくなります。脳がそういったエモーションに慣れ始めるからです。エモーションがなくなれば、ネガティブな部分が働くようになります。どうしてか分かるでしょうか。

ドラッグ効果が消えれば、スピリットなどの霊的存在が頭に入り込み、ドラッグを使用するようにあなた方を苦しめます。エモーションのエネルギーは彼らの栄養剤だからです。

スマホ、パソコンなどのテクノロジーも同じです。ファッションも似たところがあります。自分の動物的スピリットを喜ばせるために、特に理由もなく大金を服に投じます。

あなた方は物だけで幸せになるという目的で地球に来たのではありません。物は一部です。霊的部分の方がずっと大きいのです。

あなた方は裸でここに来ました。肉体を失った時、沢山の宝ものを持っていくことができるのです。人類や苦しんでいる魂を助けるために役立つ霊的宝ものです。占いなどで多くの人が自分の使命は何なのかと訊きますが、ここに地球であなた方のなすべき仕事、使命があります。

＊デヴァ…自然界のエネルギーや自然の創造に携わる自然界のスピリット。日本では神々として祀られることが多い。

Section ❺ この世とあの世の大変化をもたらすワクチン
――未来と過去に分かれゆく人類と先祖

今日は、あなた方が入りつつある困難で厳しい時代に、何があなた方を待っているのかという質問について、現時点で見えてくるものをお伝えしましょう。

嵐のように人類社会を通過していったコロナ・ワクチン騒動は、人類の霊的分離に拍車をかけ、思考形態にも大きな変化をもたらしました。

現在、あなた方の社会には霊的戦いが存在しています。先日お伝えしましたように、**光は闇に対して宣戦布告をしました。**闇は権力と富の下、権力者と社会システムを通して人類をコントロールしようとし、光はその社会システムを崩壊させ、人類を進化させようとします。

あなた方の多くは、死んだら命は終わりだと考えています。命は終わりません。霊的世界で続きます。

あなた方がこの人生でしたことは全て記録されています。集団のメモリー、個人のメモリーがあります。肉体を脱いだ時、ワクチンのメカニズムは、霊的世界が待っている本来の霊的人生を妨げる可能性があるでしょう。肉体を失えば、いえ、肉体の有無に関わらず、地球外生命体のコロニーに連れていかれる可能性があるということです。

特に自分からワクチンを求めた人々や他人にワクチンを強要しようとした人々です。そういう子孫と同じエネルギーで振動している大半の先祖も運命を共にすることになるでしょう。

ここに興味深いことがあります。霊的高みにいる先祖は、子孫に繋がる霊的DNAを通してコントロールされる前に、別の道を進んでいく可能性があります。今まで維持していた子孫とのコミュニケーション、相互関係を断ち、つまり家系との繋がりを捨て、自分の霊的道を進み続けていくでしょう。

そのように子孫に繋がる家系から姿を消していく先祖は少なくありません。そのため、家系においては、あなた方と同じ波動で振動している先祖以外との繋がりは消滅していくでしょう。

高いレベルの先祖の多くは光で振動しています。時にはあなた方の守護霊として働き、時にはメッセンジャーとして様々な形で母なる地球や人類の役に立ってきた先祖です。

家系との繋がりを断てば独立します。それはあなた方にとって、高いレベルの先祖との繋がりが切れることを意味します。

自分と同じレベルの霊的、マインド、メンタルの先祖との繋がりだけが残ります。各過去世で縁のあった先祖もレベルが似ていれば、過去自分であった存在と一緒にいたりするでしょう。

そして、あるレベル以上であれば、自分の道を進むことを選択した最近の先祖と合流するでしょう。それは、子孫が光の世界から取り残され、孤立することを意味します。

そのように今回のワクチンは、自分に関わること全てに影響しています。過去世で周りの人々に色々良いことをして徳を積んでいたとしても、ワクチンはその自分の良いところまで汚すかもしれません。

ワクチンを通してあなた方の体内に注入された物質は、時間の経過に従い、別のエネルギーで振動し始めます。ワクチンは液体ですが、その液体が違う波動を放射するようになるのです。それは、ワクチンの隠れたメカニズムが「稼働し始める」ことを

意味します。

時の流れの中で、肉体、メンタル、マインド、エモーショナル、スピリチュアルレベルで色々変化があるかもしれません。時間が必要です。時間はエネルギーです。今日の今の時間は、明日の今の時間と同じではありません。

感情、エモーション、体内の良いウイルス、骨、筋肉、血液を動かし始めます。だから時間、今この瞬間は、人類にとって大変重要な意味を持つのです。

多くの人類は「エネルギーとしての時間」を知りません。時を物質的に捉えています。物質的な時間が全てではありません。一般に人が感じている時間は、霊的時間の中の物質的な部分です。

あなた方は物質時間だけでなく、エネルギーとしての時間の下にも置かれています。誰もそのルールから外れることはできません。時間があなた方を地球に誕生させます。時間があるので、あなた方は誕生してから死ぬ瞬間まで、つまり各人の時間が尽きるまで地球で過ごすことができるのです。それは物質時間です。

一方、**霊的時間は肉体を持っていなくても機能します。そこでもワクチンは稼働し続けます。**あなた方の家系を攻撃し、あなた方の先祖や過去あなた方自身であった者の道、光に向かって進化し続けていくための道を妨げることになるでしょう。

そうなれば、**ワクチンというテクノロジーにより、時空の中に遅れていき、人が作った時間の中に残ることになります。つまり過去に戻ることを意味します。**

そこから抜け出る唯一の方法は、あらゆるレベルにおいてワクチンのコントロールから抜け出すために、真剣に自分のインナーワークに取り組むことです。

人類の細胞の記憶は同じです。過去、地球外生命体は、地球全体で人類に対して大変野蛮な行為を働きました。遺伝子操作をし、肉体、感情、エモーショナル、マインド、スピリチュアルエネルギーをコントロールしました。ワクチンはその過去の細胞の意識を開きます。

グローバリズムとは集合意識のコントロールです。地球全体で、未だにワクチンは、人類をコロナウイルスに対して免疫になると偽り続けています。副作用で仕事ができなくなる人がいてもメリットの方が多いと主張し続けています。

かつて地球外生命体は、自分たちにとって都合の良い完璧な種を作るために、権力を用いて遺伝子操作を行いました。今回、ネガティブな地球外生命体のコントロール下で、人類がワクチンを通して行ったことと同じです。

多くの人々はワクチンを全員が受け入れなくてはならないと信じましたが、それはネガティブ勢力が地球を支配するための唯一の権力を作るためのものでした。コントロールされていれば気付かないでしょう。

ではこれからどうなっていくのでしょう？　初めのうちワクチンを推進していた医者の中でも、身を引き始める人が出てくるでしょう。つまり、ワクチンは失敗だったと疑い始めています。

医者、科学者、経済学者、腐敗した政治家の中にも、これは解決にはならない、何をしてきたんだ、何を推進してきたんだと気付き始めました。そのためヨーロッパでは一夜にしてワクチンによるコントロールを改め、全面解除した国が現れ、他の国々も追随していきました。でもそれでは遅いのです。

先ほどお伝えしましたように、霊的時間が存在します。時間の中で誤りを犯せば、時間は後戻りするためのチャンスをあなた方に与えることはありません。大きな問題です。

一方、地球の現象があります。これから起こることには今まで幾度も触れてきました。地震、火山の噴火、津波などです。人類の動きに従い、地球もエネルギーの動きをもって応えるでしょう。

今までの人類史でも人々は多くの災害を体験、目撃してきました。あなた方の文明も例外ではありません。大地震はそこまで来ています。津波、太陽フレアもそうです。

それらは突如やってきます。

どうして存在は時を明確に教えることができないのでしょうか。人々にインパクトを与え、人類の集合意識が霊的パターンを汚しバランスを崩すからです。

霊的パターンとは何でしょうか。シンプルです。それはネガティブかポジティブかの思考の指数です。

パターンの指数がポジティブであれば、母なる地球と宇宙、目に見える、目に見えない自然界のあらゆる力はポジティブに働くでしょう。パターン、思考形態がネガティブになれば、エネルギーは変わります。

人類の集合意識がネガティブであれば、霊的パターンはネガティブなポータルを動かします。その結果、ジオパシックストレス（＊P54参照）が強化され、破壊に拍車をかけることになります。

そのため神々や光の存在は、人々だけでなく地球の霊的システムにも影響を及ぼすようなことは、知っていても言うことはできないのです。

一方、母なる地球は、浄化のプロセスに介入することはしません。これはレスキューオペレーションの一端だからです。

地球はあなた方の母ですが、法則が遂行する地震、豪雨、太陽フレアといった浄化を引き留めることはしません。地球の存在は宇宙の決定に従います。

従って、どこにいてはいけないのか、どこに住むのか、それを知るための直感が必要です。直感はこれから生きていくための基本です。

人類がポジティブな良いエネルギーで振動していれば、そのエネルギーと同じ形で物事を受け取るでしょう。でも人類の多くが、恐れ、不安、分離、不当、理不尽、無責任などのエネルギーを生み出し、ネガティブな形で振動していれば、母なる地球は何もできません。地球はレスキューオペレーションに従って動くことになるでしょう。

そこに人類の狭いトンネルが現れます。トンネルは人々を分けるものです。

トンネルを抜け出る人はわずかでしょう。母なる地球に対して、人類は恐ろしく野蛮なことをし続けているからです。攻撃、破壊、汚染を続け、地球のエネルギーをますます弱めています。

各人、自分に信念を持つことが必要です。自分、法則、神々、自分が信じているもの、求めているものを信じることです。これしかありません。

いつも問題を探している集合意識や為政者、社会システムを信じることではありません。自分を信じる、自分の心の奥にある光のポータルを信じることです。

＊ジオパシックストレス…病的な波動を放つ場所のことです。水脈、断層のあるところ、戦争があったり、お墓や病院があったような土地には、ネガティブなポータルがある場合が多く、不健全、危険な波動を放射しています。

Section 6 レスキューオペレーション（救出活動）――激化する火と水の浄化

昨日はここでも豪雨があり川も一気に増水しましたが、これは水の浄化の始まりを意味します。水の力が母なる地球内部で動き始めています。

水の力は、レスキューオペレーションを遂行していく上で非常に重要な要素です。今まで様々な機会に、私たちがレスキューオペレーションに触れてきたのを覚えているでしょうか。

レスキューオペレーションはあなた方の頭上まで来ています。水を利用して浄化を行う準備をしています。繊細な人は、地震の動きだけでなく、水の力の動きもあることに体を通して気付くでしょう。

それは体のバランスの崩れ、平衡感覚の欠如、メンタル、マインドの問題など、具体的にはめまい、体に力が入らない、やる気が出ないなど、諸症状となって現れることもあるでしょう。これから地球に起ころうとしている大変化の兆しによるものです。お伝えしてきましたように、繊細であることは弱さを意味していません。ただ繊細な人は、自分のエネルギーのバランスを取るように努力しなければなりません。運動、ストレッチ、歩行、ヨガ、時間があれば毎日1〜2時間の瞑想もお勧めです。できる時には自然のあるところを歩き、自然のピュアなエネルギーを呼吸し、自然界のデヴァと繋がる努力をすることです。生来の繊細さを乗り越えるうえで必要な力を得るためです。

水のエネルギーは体の化学システムを活性化します。化学システムは霊的高まりのために非常に重要なものです。人体の化学システムは何を作り出しているのでしょう？

生体電気、生体電磁波です。水のエネルギーが活発に動くようになれば、体内で多くの生体電気や電磁波が発生します。その時何もしなければそれらが体内で詰まり、肉体、エモーション、マインド、メンタルのバランスを崩し、苦しくなります。

それは各人の感性にもよりますが、自分でできることは何でもやった方が良いのです。

繊細な人が肉体に何か違和感を感じ始める時、それは何を意味するのでしょうか。

アストラル体レベルでは、すでに病んでいることになります。病気がアストラル体から肉体に物質化してからでは遅いのです。治るためには時間もお金もかかります。命を失うかもしれません。

現在の時間は人類に更なる高まりを要求しています。繊細な人ばかりではありません。繊細でない人も同じです。

今は、都市も町も人工的な電磁波でいっぱいです。繊細でない人は何も起こっていないかのように暮らしています。

繊細な人は苦しくなります。つらいと言って苦痛を訴えますが、何もしなければ変わりません。つらいので不満が出ますが、不満は更なる不満を呼び寄せます。不満に思う前に努力しなくてはなりません。電磁波の影響をできる限り受けないように努力するしかありません。

人工的な電磁波は電磁波だけではありません。情報も含まれています。人をコントロールする集合意識の情報です。幸せに暮らすためには、何かしなくてはならないことを理解すべきです。

水の浄化が始まろうとしています。火の浄化も待っています。火山の爆発、地震が待っています。どちらもいつでも起こり得るものです。

この時代は人類にとって要となるものです。あなた方は人類の一部です。あなた方は一人で生きているのでも、一人で生まれたのでもありません。あなた方一人一人には、好むと好まざるとに関わらず、人類全体のメモリーがあります。

人類史の中で作られてきたカルマ、トラウマ、様々な問題は、あなた方の集合意識の中に刻まれているのです。集合意識とそのメカニズムは地球に存在する全ての人類を繋いでいます。レスキューオペレーションは、この集合意識によるブロックを打ち破りたいと思っています。

あなた方も感じているように、ますます難しい時代になっていきます。レスキューオペレーションも同じです。

レスキューオペレーションは、水の力、火の力と共に、フォトンエネルギー、太陽フレアといった宇宙の火の力を行使して、これら全てのものを浄化するために動くことになるでしょう。その傍らで、地球外生命体の侵入も可能でしょう。

ですから、繊細な人はもっと強くなるために努力して下さい。嘆き、不満は役に立ちません。努力しないで嘆いていては自分の霊的世界を汚すだけです。重要なのは、この段階を乗り越えるために、アクティブでポジティブでいることです。

鈍感で自分は強いと思っている人も自分のエネルギーに気をつけることです。気付かないうちに病気になる可能性を避けるためです。それが私たちの思いです。

これからレスキューオペレーションはあらゆるものを浄化していくために、次第に強烈になっていくでしょう。そのプロセスは厳しいでしょう。そのプロセスで命を落とす人もあるでしょう。

法則やレスキューオペレーションは誰も殺しません。目的はそれではありません。しかし、地球の物理的条件は、時には洪水や土砂崩れなどをもたらし、悲しいことが起こったりします。

多くの人は自分は何もしていない、どうして苦しまなければならないのかと思うでしょう。

レスキューオペレーションには、母なる地球をクリーニングするために浄化が存在します。そういう光のプロジェクトに沿って進む時なのだと今一度理解して下さい。

クリーニングなくして光はありません。光が、ネガティブな部分、光を遮るものを超えるためには、汚れをきれいに落とさなくてはなりません。

Section 7 ハルマゲドンの時代を乗り越えるために――決断の時代

今あなたは、宇宙、光の船、マカバ、スピリチュアリティ、マインド、メンタルレベルで高いランクの存在と繋がっています。その船があなたにアドバイスをするために降りてきています。

あなたのためだけではありません。メッセージを通して、一人でも多くの人が前に向かって進めるように、人々の心、メンタル、マインド、エモーション、スピリットの目覚めを促すためです。

これから未来に向かって何が待っているのか、人類の未来はどうなるのか、宇宙はどうなるのか、前に向かって進むべき課題など、あなた方の質問はもっともなものです。いずれも重要なテーマです。

＊　＊

今日のお伝えです。まず、ＪＯＣの常識を逸した会長が、東京オリンピック開催前に「日本はハルマゲドンのようだ」と発言したのを覚えているでしょうか。彼は違う意味で言ったのでしょうが、それは間違ってはいません。

これから日本も世界もハルマゲドンの時代に入ります。ハルマゲドンをご存じでしょうか？　私たちが知るハルマゲドンはあなた方が考えているようなものではありません。

あなた方の世界では、ハルマゲドンは善悪の最終戦争のように理解されているようですが、光はあなた方が思うような形では戦いません。

光と闇の戦いでは、光は光をもたらし、闇は闇をもたらします。闇とは何でしょうか。意識のコントロールです。大半の人類は意識をコントロールされ、このままでは８０、８５、９０％の人類は悪と共に進んでいくでしょう。

闇は戦わずして権力者を介し人々の上に君臨し、力を行使し、コントロールします。大半の人々は自分の目前で起こっていることは正しいと信じています。これが今の人類の状況です。その中で人類の意識は大きく分かれています。

唯一の救いは地球の崩壊か、レスキューオペレーションです。私たちにとってのハルマゲドンは、現在のエネルギーが5倍にも、6倍にも強烈に、激しく、アグレッシブになることを意味します。このプロセスは誰にも止めることはできません。そのプロセスは今ではなく、もっと後に来なくてはならないものだったのです。もっと後か、決して来ることがないようなものだったのです。

光は法則です。法則に対して正しく向き合わなければ苦しむことになります。このようにして人類は次第に狭きトンネルの中を、奥に向かって進んでいくでしょう。出口のない奥です。

どうしてこれからエネルギーがアグレッシブになる、激しく変化するようになるのでしょうか。それは人類が何のために地球に住んでいるのか、理解しようとしなかったからです。

人類は与えられた時空を生きながら歴史を経る中、肉体を活用し進化することを学ぶチャンスが沢山ありました。大変化の時代を迎えるためです。

しかし、人類は権力、お金、娯楽のために肉体を使いました。肉体はそんなことのためにあるのではありません。あなた方は自分にとって肉体は何を意味するのか、肉体のなすべき仕事は何なのか、今まで考えたことがあるでしょうか。

肉体はあなた方の乗り物です。脳、メンタル、エモーショナル、マインド、スピリチュアルレベルで、肉体はその中に内在するあらゆるものを進化させていくために作られたのです。

あなた方は、肉体があるのは仕事するため、歩くため、スポーツをするため、様々な活動をするため、飲食するため、楽しむためなどと答えるかもしれません。本質はそのようなものではありません。

私たちから見れば、肉体に対する人類の理解は間違っています。肉体はあなた方の命の乗り物です。肉体は人の形をしていますが、その中に素晴らしいものがあります。乗り物としての肉体の何がそんなに素晴らしいのでしょうか。

波動、エネルギー、生体電気、電磁波、化学的機能、リサイクル機能、学びの機能、記憶、パラレル現実界やパラレルワールドとの繋がり、神々、光の存在、内部地球や宇宙の光のポータルとの繋がりなどです。あなた方の肉体にはそういう性質があるのです。

地球に人類が誕生してから何百万年にもなりますが、肉体は幸せになり進化していくために必要なもの全てを備えていることを、今までに理解すべきだったのです。

あなた方には乗り物である肉体をしかるべく培い、２０２１年には進化とアセンションに導く時空へシフトしていくという目的がありました。

どうしてあなた方の肉体は、こうした良いことを実現できないでいるのでしょうか。

まず、あなた方は国内外、地域、グループ、親族間の争いや戦争に明け暮れた過去からやってきました。戦争はあなた方の肉体と微細身（＊P78参照）を汚してきました。そして21世紀に到達したのですが、自分たちの歴史の中から何も学んできませんでした。

あなた方の肉体はアンテナのようです。肉体の中には、肉体の内外の情報を吸収するために必要なもの全てがあります。人類は、コントロールされた歴史の中で問題にまみれ、肉体は進化するどころか周りのエネルギー、人々や自分自身が作り出したものにより、汚れに汚れを重ねてきました。

そのため人類が完璧であるように肉体にプログラムされていたものは、実現できませんでした。人類は自らのエネルギーを抑圧するコントロールの環境を作り出したからです。

そして現在、人類はかつてなかったほどのネガティブエネルギー、不健康なエネルギーに包まれています。

あなた方の体は周りにあるもの全てを吸収します。だから肉体を一新しようとしても、周りのエネルギーや集合意識を通して動くエネルギーは、あなた方の肉体や肉体の奥深くに存在する微細身を汚します。

このような条件であっても、自分の周りにいくらネガティブエネルギーや情報が満ちあふれていても、あなた方がしなくてはならないことは、ポジティブな思考形態になるように努めることです。

思考形態はアンテナです。ネガティブ、ポジティブのどちらのアンテナにもなります。

あなた方が霊的世界を見ることができれば、特に都会のように人々が集まるところでは、黒い獣が沢山動き回っているのが分かるでしょう。それらは人々に憑依《ひょうい》する瞬間を狙っています。このような状況はこれからもっと加速していくでしょう。

人は自由に動いているように見えても、肉体、メンタル、エモーション、マインドレベルで自由ではありません。社会システムやシステムが作り出す集合意識のエネルギーに縛られています。

光の中にあると思っても、間違った形で考え、間違った形で行動しています。例えば、「私は光の中にいます」と公言するとします。でも、誰が自分は光の中にいると断言できるのでしょうか。

自分が光の中にいると公然と言う時、人が光の上に立つことになります。どうしてでしょうか。光の中にいるためには、謙虚さが必要だからです。ですから人に対して「私は光の中にいる」と口にしない方が良いのです。

本当に光の中にいて法則の中を生きている時、人は自分に対して厳しくなり、自分に許せないことが自ずから出てくるものです。霊的ワークの中で「私は光の中にいる」とアファーメーションを唱えるのとは意味が違うのです。

光は謙虚な心の中から生まれます。口から生まれるものではありませんが、こういう声があなた方の世界から聞こえてきます。

宗教もそうです。「神を愛しなさい、そうすれば神はあなたを愛するでしょう」とはそんなに簡単に言えるものではありません。トゲで覆われた心をしていて、どうして神を愛することができるのでしょうか。自分さえも愛していません。

現在の地球のような状況に置かれているあなた方にとって、宗教の教えに従おうとすれば自分を偽ることになります。多くの人が心のバランスを失っているからです。

ですから「心配することなかれ。隣人を愛し精進努力すれば、運は開けるでしょう」と言っても、それはもう過去のものです。そのような言葉は、純粋な心をしている人の中で機能するものです。

社会を見て下さい。心の純粋な人を探そうとすれば、何年もかかるでしょう。純粋であることと心が純粋であることは違います。

世間をよく知らないから純粋であることは、心が純粋であることとは違います。その人が何を考えているか分からないからです。霊的レベルで何を受け取っているか分かりません。どの世界にその人が位置しているのか分かりません。最良なのは心が純粋であることです。

この時代、存在は心が純粋な人のところにやってきます。純粋でなくても、サボテンのようなトゲがある心をしている人でも、そのトゲを一つ一つ取り除こうと日々努力している人にはやってきます。

私たちは、そのように人類が、このハルマゲドンの時代を乗り越えるために努力して欲しいと思っています。

これからやってくるエネルギーは大変強烈で厳しいものです。多くの人が苦しむことになるでしょう。肉体、メンタル、マインド、スピリチュアル、過去のカルマ、人間関係、仕事場での問題など、今まで以上に苦しさが増すでしょう。

エネルギーを受容する準備をしていなければ、エネルギーが心身を圧迫します。準備してきた人はエネルギーを享受するでしょう。心の浄化を助け、日毎に問題が和らいでいくのを感じ、どれが探すべき道か、どれが選択すべき道か分かってくるでしょう。

あなた方は「決断の時代」を生きているのです。苦しみの時代ではありません。苦しみを生きている人は、自分からは何もすることなく、何でも他に頼っている人です。それでは光の中を進んでいると信じていても無理でしょう。言葉だけです。イエスは人々を引き寄せるために言葉を使ったと言いますが、言葉だけを使ったのではありません。言葉と共にエネルギーを使ったのです。

あなた方も同じです。人は肉体だけでなく、メンタル、マインドを持っており、言葉と同時にスピリチュアルなエネルギーを使うことができるのです。

だから厳しく痛い言葉を受け取れば心に突き刺さり苦しくなりますが、心から発せられた優しい言葉を受け取れば、心が喜びで動くのを感じるでしょう。

言葉だけでなく、言葉と共に発せられる霊的波動、エネルギーが心を蘇らせるからです。そういうものを人は必要としています。

かと言って、他人が自分の心を開くのを待っていてはいけません。あなた方自身が自分の心の持ち主なのです。

あなた方はハルマゲドンの時代に入ろうとしていますが、それは母なる地球に多くの変化があることを意味します。深刻で恐ろしく信じがたい変化であると同時に、多くの人が何をしなくてはならないかに気付く良い変化でもあるでしょう。

これからの変化のために、肉体、メンタル、マインド、スピリチュアルレベルでの準備が必要です。

あらゆるレベルでバランスが取れていなくては、集合意識と同じもので振動するでしょう。集合意識と共振すれば、それは大変大きな力を持っているので、あなた方の心を捕らえ引き留めるでしょう。そうなれば別サイドにいる邪悪なものがあなた方に近づき、閉じ込めてしまうでしょう。

でも、この強烈でアグレッシブなエネルギーに感謝して、肉体、メンタル、マインド、エモーショナル、スピリチュアルレベルのクリーニングに活用しようとすれば、このエネルギーはあなた方の中でハリケーンのように機能するでしょう。

本来、エネルギーはもっとソフトな形でやってくる予定でした。しかし、人類は今まで何もしてこなかったのでやむを得ません。光の存在、母なる地球、宇宙は、あなた方を根っこからきれいにしたいと思っています。

先日、この同じ場所でお伝えしましたように、火と水がより大きな力をもって動くでしょう。水の内なる力、外なる力、火の内なる力、外なる力が、神々と共にカルマやトラウマを浄化するでしょう。

それが良い形で働くためには、あなた方の協力が必要です。エネルギーに対して心を開き受け入れることです。

コロナウイルス、コロナワクチンに対する世の中の動きに言及し続けることは良いことではありません。そのエネルギーは腐っています。それらのことにこだわり続けていたら、自分の中のエネルギーをも腐らせていくでしょう。

それではマスコミ、為政者、医療システムなどにコントロールされている集合意識と繋がり続けていくことになり、そのエネルギーがあなた方の体の中でも腐っていくことになるのです。

エネルギーが腐るとはどういう意味でしょうか。目覚めがない、進化がない、つまり未来がない、そういうエネルギーが社会を覆い、淀んで腐っていくということです。あなた方はその時空に残ることになります。

そうなれば、腐ったエネルギーを求める存在の憑依の対象となります。彼らにとってそのエネルギーは情報であり、食べ物となるのです。地球外生命体、邪神、邪霊、浮遊霊、地縛霊、昔からのスピリットなどです。

集合意識を支配している情報の中には、人類の過去、コントロール、お金、絶対的権力が存在しています。集合意識の中にいれば、あなた方は過去のエネルギーに戻り、そのエネルギーがあなた方の中で腐っていけば、救いがなくなります。

ですから、過去にこだわらないことです。その分自分のことに専念して下さい。時代はどんどん進んでいます。もうそんな時代ではありません。意識を上げるしかありません。

あるレベルのエネルギーで振動していれば、コロナウイルスと関わることはないでしょう。油断するのとは違います。肉体を持っているからです。

あなた方のメンタル、頭はむさぼり続けています。「むさぼる」というのは必要以上に求めること、自分をコントロールできないことを意味します。

あなた方は食を通してエネルギーを食べていますが、食は肉体だけでなく霊体も養っていることを意識しているでしょうか。ほとんどの人にその霊的コンセプトがないように見えます。

霊体を養うために、「許しの中で戴く」という意識がありません。消費社会を生きているからです。

オーガニックのものであれ食をむさぼり、社会システムをむさぼり、情報をむさぼっています。自分の脳がついていかない4G、5G、6Gと必要以上のものを追いかけています。

薬もそうです。何十種類もの薬を乱用しています。中毒になります。その結果、今まで存在しなかった病気を作り出しています。

人がむさぼることをやめるためには、最低、35万アームストロングのエネルギーで振動していなくてはなりません。これは一つのエネルギーの単位です。分かりやすいように数値を示しています。

45万、30万で振動していれば、コロナ感染の可能性は少ないでしょう。25万では感染の可能性があります。ウイルスをブロックするための守りがありません。

同じ場所にいても感染する人、しない人がいるのは何故でしょうか。感染しない人は異なるメモリーを持っており、オーラも細胞もメンタルもウイルスが入るのを許さないからです。無症状者というだけではありません。

無症状者も感染します。無症状者には後遺症がないと言っていますが、それは違います。後遺症のある人もいます。人によります。無症状者にも色々なタイプがいます。

免疫力の強い無症状者は感染しにくいでしょう。感染しても何もないでしょう。免疫力の強くない無症状者はその時何もなくても、その後も気をつけなければ死に繋がる可能性がある人もいます。

５０万アームストロング以上であれば、感染しないでしょう。そのような人が放射するエネルギーは、ウイルスの侵入を許しません。ウイルスも、人体が放射する生体電磁波エネルギーにより人を選びます。人為的なウイルスも自然のウイルスも同じです。

蚊と似ています。蚊はその小さな頭にセンサーがあります。肌の色が関係するとも言いますが、ホルモン、フェロモンなど人が放射する物質により、刺すか刺さないか決めます。

ウイルスも誰を攻撃するか、しないか判断する能力があります。いずれにせよ、苦い体験を避けるために気をつけることが大切です。たとえ高いエネルギーで生きているとしても、ちょっとした油断で感染することもあります。

コロナ禍はまだ終息したわけではありません（２０２２年12月現在）。特に病院の仕事、介護の仕事などは、体やメンタルが消耗しやすくなります。感染と無縁であるために、人としてしかるべく気をつけ、自分が放射するエネルギーを高く維持することが必要です。つまり、あなた方の生体磁場や生体電磁場に何物も入らないようにしなくてはなりません。

あなた方の肉体には自分が望むあらゆる薬、自然の薬があります。ホルモン、アミノ酸、様々な酸、ミネラル、鉄分など、自然界に存在する天然の化学物質が存在しています。

化学的機能を担う体液のシステム全体のバランスが取れていれば、ウイルスは体内に入ることはできません。体液のシステムに対して脳が発生するパルスはアンチウイルスを産生するからです。

視床下部にある松果体と下垂体が分泌するホルモンが、体全体をコントロールしているのはご存じでしょう？

しかし、分泌液には医学が教える肉体レベルの液体だけでなく、メンタル、マインド、エモーショナル、霊的部分があります。思考形態が高くポジティブであれば、メンタル体上位レベルの高い周波数の液体を分泌します。

霊的視点から見れば、その液体は光を放っているのが分かります。蛍の光のようです。その光った液体が体全体を守ります。

光る液体と、血液、DNA、RNA、細胞、各器官など体の組織が生み出す体液が一緒になって、コンパクトな守りのエネルギーを作り、アンチウイルスを作ります。物質的、霊的アンチウイルスです。

血液の中にあるプラズマも強化され、アンチウイルスと共に、いかなるウイルスの侵入もブロックするでしょう。そうなれば霊的には体内が電気くらげのように光るようになり、オーラも輝くでしょう。

アンチウイルスは攻撃するのでなく拒絶します。彼らはネガティブなウイルス、邪悪なウイルスを食べることはしません。アンチウイルスは大量の電磁波エネルギーを体内から放射するので、ウイルスは入ろうとしても苦しいので入れません。壁があるかのようにはねのけます。

そのようにあなた方の肉体には自然の薬が存在するのです。生来、あなた方は自然と繋がっているのです。自然は天然製品のデパートです。

植物の気のエネルギー、クロロフィル、根っこ、草花など、治癒、治療のための自然な薬があるのです。それはあなた方が体内に持っているものと同じです。

どうして人は石やミネラルを使うのでしょうか。それらは、あなた方の体液、細胞の記憶、骨、骨格を支える液体システムを司る天然物質と繋がっているからです。

そういった肉体の機能を支える化学的分野を担う液体システムのバランスが取れていれば、マスクもワクチンも何もいりません。だから未来のために、そういう体を作る努力をするのです。

お伝えしましたように、水、火による大きな浄化がやってきます。集合意識の声を聞くのでなく自然の声を聞き、法則や自然に従って生きていくことです。集合意識は問題をもたらしますが、自然は無条件の愛をもたらします。

周りを見て下さい。蟬の鳴き声、素晴らしいですね。何故鳴くのでしょうか。音を通してバランスを創造するためです。

これは愛のエネルギー、あなた方の心に安らぎをもたらす波動を生み出します。あなた方が日常必要としているものがここにあり、それがあなた方と蟬などの昆虫、蛙などの小さな生き物たちとの繫がりです。

自然を見れば、あらゆる生き物は自然に従って生きているのが分かるでしょう?

これから自分の肉体、メンタル、エモーション、感情をクリーンに維持するように努めて下さい。食べ物、飲み物、人間関係に気をつけて下さい。助けられたのにあなた方を汚す人々もいます。

人を差別するというのではなく、誰といるのかを知ることです。人間関係で選択を間違えれば、自分が望まないエネルギーの下に置かれることになり、高まりの妨げになります。だから、自分と本当に合う人と共に進んでいくことが大切です。

あなた方が悪人と進んでいけば、悪に染まります。良い人と進んでいけば、彼らと同じ波動で進むことになります。これは法則です。

それは苦しんでいる人を助ける、助けないということではありません。それは別のことです。人を助けるのは無条件の愛です。それ以外に関係はありません。

霊的部分において、あなた方は存在と繋がらなくてはなりません。そういう時です。ますます激しくなっていく火、水のエネルギーの中を前に向かって進み続けていくためには、彼らの助けが必要です。存在は、必要な時、あなた方が危険を回避できるように近くにいます。

現在と未来を考えて下さい。過去は考えないことです。これから物事はもっと深刻になっていくでしょう。

コロナ禍もいつ完全に終息するかとは言いません。物事がバランスを崩して進んでいるのでどうなるか分かりません。あなた方の選択、進み方次第です。

人類全体がもっと穏やかに進んでいけば本当に良いのですが、あなた方も見ているように、それと全く反対のことをしている人たちがいます。逆風を引き起こすようなことをしていれば、戦争、混乱、病気、死、コントロールを望んでいるネガティブ勢力を引き寄せることになります。そのことも考えなくてはなりません。

このようなエネルギー、このような人々と混ざってはいけません。自分の道を進んでいくことです。前に向かって進むための光の道、真実の道、法則の道です。

新しい段階に向かって進んでいかなくてはなりません。体を作る、メンタルを作るために努力することです。集合意識や人々に影響されない自分を作ることです。

この人類社会のシステムでは、どこにも進むことができません。コントロール、権威主義、汚れたお金、汚れた社会の中に落ちていくだけです。全てが汚れています。人を差別して進んでいけば、人類は分断され、弱くなり、光の中に入っていきません。邪悪な存在はそれを望んでいます。分裂すれば、人類が団結して進化、アセンションのプロセスに入っていくことがないからです。どうして人々はそのことが分からないのでしょうか。

コロナウイルスやワクチンはあなた方を分断させました。分断されても光を求めて進まなくてはなりません。他に道はありません。多くの人が路上に残されても、それはその人の問題です。やむを得ません。

進化もアセンションも続きます。後に残される人もいるでしょう。重要なのは、あなた方が母なる地球に光が降り立つように協力し、地球がアセンションを遂げることです。ほんの一握りの人だけになってもです。

＊微細身…目に見えない非物質のエネルギー体。地球では人は肉体以外に、エーテル体、

アストラル体、エモーショナル体、メンタル体など、8つの微細身を持っています。微細身は肉体の元として互いに相互作用し、肉体に現れる問題の多くは微細身に起因しています。私たちの輪廻転生に関わるミニ宇宙「テータ」の多次元世界には更なる体、23の光の体があり、地球の9つの体を含めると、全部で32体を持っていることになります（「悟ってもっとアセンション」の巻末語彙集参照）。

Section ❽

出口のないトンネルに入った人類
――最後の審判を待つ人類・ネガティブな感情はどこから来たのか

人類は、パンデミックから抜け出す前にコロナウイルスと共存する道を選択しました。コロナウイルスだけでなく、奇病もあちらこちらで発生し始めているようですね。これからも大きなサプライズがあります。あなた方を助けるのは地震かもしれません。人々を団結させるからです。その意味においても物質的浄化は必要です。

今までも人類は、大きな自然現象によりパンデミックから解放されてきました。どうしてでしょうか。

エネルギーの働きによるものです。地震の動きが発生する多くの電磁波エネルギーはウイルスを殺します。ウイルスの団結力をバラバラにし破壊します。地球ではそのようにスピリチュアルの法則が物質界に働くことがあります。

さて、あなた方はトンネルに入りました。以前お伝えしましたように、直径50㎝

幅の大変狭いトンネルです。このトンネルは入り口はありますが、出口は閉まっています。

出口は、あなた方がスピリチュアリティ、インスピレーションを高めた時のみ開かれます。あなた方が霊的構造を変えた時、出口は自動的に開かれます。

現在、人類に対して出口は閉まっています。沢山の人が入りましたが、沢山の人がトンネル内に閉じ込められています。これはフィクションではありません。

これと同じことが過去、地球の別の文明、太陽系の惑星や別の恒星系の文明でも起こり、現在も起こっています。

では、トンネルの端にある出口から出ることができなければ、何があなた方を待っているのでしょうか。過去あなた方をコントロールしていたのと同じ存在です。コントロールの地球外生命体です。

彼らは、別の扉を開いてあなた方を待っています。「あなた方は光に向かえないでしょう？　ならこちらへ、いらっしゃい」と彼らの道を指し示すでしょう。

トンネルの出口である扉を通るのに、十分なマインド、肉体、メンタル、エモーショナル、スピリチュアルな条件を持っていない人は皆、そのような道をたどることになります。地球外生命体は違うところへ連れていくでしょう。

出口は時空の扉です。トンネルを越えられる人は、出口に着く前に別の時空を通ることになるでしょう。肉体、メンタル、エモーショナル、マインド、スピリチュアルレベルの構造が変化し、別の次元を通り、光の存在により救出されることになるでしょう。

どうして別の次元にシフトしなくてはならないのでしょう？　それは、準備できていない人々を待ちかまえている地球外生命体により、キャッチされないようにするためです。

あなた方は彼らに見られてはなりません。地球外生命体があなた方の存在に気付かないようにするために、肉体、メンタル、エモーショナル、スピリットの波動、存在次元を変えなくてはなりません。

誰がその手助けをするのでしょう？　光の存在です。彼らは、あなた方が地球外生命体の近くを通り過ぎても見つからないように、別の時空のトンネルを創造します。それがこれからのプロセスです。

今人類はトンネルの中にいます。沢山の人々がいます。従って沢山のトンネルがあります。問題の解決法も未来もありません。トンネルの中で自分の番を待っています。裁かれ、操られ、コントロールされ、別の場所に連れていかれるのを待つのか、光の方に行くのか、二つの選択肢です。

人類の大部分はトンネルの中に入りギュウギュウに押し込められている状態ですが、それでもまだまだ入ります。そこで最後の審判を待っているのです。

今地球がどんな時を迎えているのか、あなた方人類はどんなプロセスを通過しているのか、宇宙はどのように進んでいるのか、理解して下さい。

あなた方の世界もグチャグチャです。地球のパラレル現実界もグチャグチャです。内部地球の地球外生命体の秘密基地もグチャグチャです。

そのように世界は全て不調和な状態にあります。地球にも、地球外生命体が関わる宇宙にも内部地球にも調和がありません。

調和はあなた方が自分の中に築かなくてはなりません。自分の中に調和があれば、あなた方は決して地球外生命体に捕まることはないでしょう。

地球外生命体だけではありません。邪神、邪悪なスピリット、自分の惑星に帰還できなかった魂も沢山います。多くの人がそういった存在の影響を受けています。知らないだけです。

これからのプロセスで、多くの人が内部地球にある強制収容所に連れていかれるでしょう。地球外生命体は遺伝子実験のために最適な者を選び、興味のない者は、迷子の魂（道を見失っている魂）、邪悪なスピリットが幽閉されているところへ投げ捨てようとするでしょう。そこは「苦しみの世界」です。

邪悪な地球外生命体は人類の中から理想とする人々を選択します。若くて美しい男女。彼らもそういう遺伝子を作りたいのです。男女共に彼らの子供を受胎するのに使われます。彼らは完璧な種の中に肉体美も追究しています。

そこに捕らわれた人々は、自分の世界に戻ることはないでしょう。ずっと居残ることになるでしょう。これが、これから地球に起こることのプロセスです。

現在、地球では壊れた経済を死守しようとしています。経済計画を練り、人類の間に戦争を仕掛けようとしている国々もありますが、これ以上地球を汚してはなりません。地球はあなた方がしていることを許さないでしょう。

現在、地球や人類の所有をめぐる地球外生命体間の戦いが起こっています。最近大地が揺れることが多いでしょう？　プレートの動きとは別のものです。

戦いはあなた方人類間でもあります。ホモサピエンスとあなた方が呼んでいた時代から今日まで、人類は食べ物、女性、権力、お金、領土、資源などをめぐり、いつも争ってきました。

愛の文明はあまりありませんでした。ほんのわずかです。宇宙でもそうです。愛の文明は少ないのです。

あなた方は二元性の宇宙、善と悪のコントラストの中に住んでいます。あなた方人類も地球に出現してから、地球外生命体と同様、二元性を作り出し強化してきました。地球では誰が二元性への道を開いたのでしょうか？　地球外生命体です。**地球外生命体は遺伝子プロジェクトを通して、人類の中に憎しみ、恨みなど低次元の感情を植え付けたのです。**

そのため、50万年以上前、アヌンナキが人類に対して遺伝子実験を繰り返した時、人類が放射する心理的、感情的波動が地球外に漏れないように、彼らは地球を取り巻く電磁波の壁、周波数防御壁を強化しました。

最近の地球では、ワクチンをめぐり大きな動きがありました。打たなければ隣人に感染させるので悪い人、だから国は彼らに罰金を科すといった具合に国家権力が台頭し、皆同じように考え、受け入れなくてはならないというエネルギーに支配された国々や地域もありました。

この感情も地球外生命体から受け継いだのです。神々や光の存在から受け継いだものではありません。

人類が人類として地球に存在するようになってから、いつもいつも問題がありました。宇宙では、地球の表面に、霊的レベルが異なる様々な人類、種族を共存させるプロジェクトは、問題多きプロジェクトとして知られています。

あなた方はテクノロジーを使用してスーパーマン、スーパーウーマンになりたいと思っています。人類は、テクノロジー、マシーンを探し求め、自分の中にある自然な感情、エモーション、スピリチュアリティの力を失い、自然から遠ざかっています。見て下さい、動物たちを。彼らは自然に生きています。動物には生来の直感があります。

動物はマシーンもテクノロジーも必要としていません。彼らには自然の性質があり、自然に根ざして生きています。あなた方が失ったものです。そのことは、動物はあなた方よりずっと高いレベルにあることを意味します。

どうして自分の直感や能力を進化させるためにマイクロチップがいるのでしょう？どうしてスーパーシティが必要なのでしょう？　どうして複雑なマシーンが必要なのでしょう？

全てあなた方の頭の中に、あなた方の霊的エネルギーの中にあるものです。問題は光の存在と繋がり、そのエネルギーを活用しようとしないことにあります。光の存在は**あなた方の先生**です。

何がテクノロジーを動かしているのでしょう？　お金です。ここに人類の大きな問題があります。お金のために殺し合い、感情を変え、メンタルを変え、エモーションを変え、魂さえも売るでしょう。お金でできることを想像してみて下さい。

創造の原点は、エネルギー（霊的部分）にあります。物質として存在するためには、「初めにエネルギーありき」です。それが物質化したものが物で、エネルギーがベースです。物はエネルギーの結果です。形になる前にエネルギーがあります。

お金もエネルギーが物質化したものです。お金の裏には人の感情、エモーションといったエネルギーがあります。そのエネルギーがお金を動かします。そのためお金には人の中にある二元性が反映します。

例えば、無条件の愛で人のためにお金を使えば、受け取った人は、お金と共に無条件の愛をエネルギーの形で受け取ることになります。それはお金の良い面です。

しかし、人類社会では物がスピリットを支配しています。お金が人のエネルギー、つまり感情、エモーション、考え、思考形態など目に見えないエネルギー、スピリチュアルな部分を動かしています。

自分のスピリットが、物しか見ない自分の意識に支配されているからです。それは、人が**自分の奴隷**であることを意味します。

人が自分の奴隷となる時、お金は汚れたものになります。エネルギー、即ちスピリチュアルな部分がお金をコントロールするのでなく、お金がスピリチュアルな部分をコントロールしているからです。それが地球であなた方がしていることです。

そのため人類は、お金を通してテクノロジー、権力、コントロール（支配）をめぐり、恐ろしいほど動物的感情であふれています。そのようなエネルギーで、どうして向こうにあるトンネルの出口を抜け出ることができるのでしょうか。不可能です。

あなた方人類はオーラの中に、コントロールの存在の影を沢山背負っています。私たちの媒体がヒーリングセッションで視覚するように、今や地球外生命体が背後にいる人も少なくありません。

「これは私の友達です。私はこの人と一緒にいます」そのように、どこに行ってもいつもコンパニオンを伴っています。美しい女性ではありません。

恐ろしい姿をした地球外生命体です。スピリットではありません。スピリットは肉体を失っただけです。あなた方につきまとっているのは地球外生命体です。別次元にいるのであなた方の目に見えないだけです。

人類はここまで来ました。人類が選択した生き方の中で引き寄せたコンパニオンが、人々の日常にいます。コンパニオンと共に起きて仕事に行き、家に帰り寝ます。友達や仕事仲間も地球外生命体を伴っています。あなた方が集まれば、彼らも集まります。

それは地球外生命体が、今ここでも、あなた方と一緒にいることを意味します。まだエネルギーレベルですが、肉体レベルで一緒にいたいと思っています。あなた方のようでありたいのです。すでにあなた方の社会に、人の体を持って出現したり消えたりする存在もいます。

人類の今のスピリチュアリティ、人々が放つエネルギーは、そのように良くないコントロールの存在を引き寄せています。テクノロジー、お金、依存を通して人々の意識をコントロールしています。

彼らは自分たち以外に誰もいて欲しくないので、あなた方の守護霊など縁《えにし》のある霊的存在を追い出し、必要な時には守護霊や光の存在のようなふりをしています。霊能者も占い師もそれに気付くことはないでしょう。

Section 9

秘密政府と宗教

――何を信じたら良いか分からなくなる時代・次々とやってくる偽の神々

兄弟よ、今日あなた方のためにお伝えするメッセージをよく聞いて下さい。

来たる数年、2年、3年……7年は、神々の世界が変わります。今地球に存在する神々の世界は変化します。以前触れましたように、新しい神々が降りてきます。新たな宗教も生まれるでしょう。

偽のイエス・キリストも降臨するでしょう。それによりメンタル、エモーショナル、スピリチュアルレベルで誘導され、道を見失っていく人も多いでしょう。

過去の神々、例えばイエス・キリスト。彼は聖書によれば2000年ほど前に存在しましたが、今や彼の役割は終わり、イエス・キリストとして再臨することはないでしょう。

人類史の各段階でいつも神々が出現しました。イエス・キリスト、サナンダー、マイトレーヤ、アラー、クリシュナ、ムハンマド、仏陀、シバなど、偉大な存在が沢山現れました。

降臨した神々の意識は似ています。時代と場所が異なるだけです。アジア、中近東、ヨーロッパ、アフリカ、アメリカなどで出現した正しい神々は全て、全能なる神の意識、万物の源の意識から来た存在でした。

各時代、各神、各存在が、人類を指導するために現れました。しかし、そのように偉大な神々が降りたにもかかわらず、人類はいつも争いにまみれていました。

現在、宗教、新しい宗教やそれほど新しくない宗教が偽の神々を、有名な神々、知られている神々に見立て、人類の高まり、進化、アセンションのプロセスを導くために降臨していると伝えています。

人々はメンタルをコントロールされ始め、宗教の偽り事を信じるようになります。それでもそのようなことが許されているところは、存在や法則を信じるのが自由な国です。

神を信じたくても許されない国もあります。宗教的コントロールを敷いている国もあります。狂信的な国もあり、特定の神や神々の信仰を強制している国もあります。

昔の神々が戻ってくると予言している宗教がありますが、それは嘘です。先ほどお伝えしましたように、各神にはそれぞれのサイクルがあります。一度姿を消せば、次の神、次の神と別の神々が続き、現代に至りました。どうしてあなた方は昔の神で振動する必要があるのでしょう?

ここは重要ですからよく聞いて下さい。ある神、例えば仏陀。彼はイエス・キリストの一部であり、サナンダーの一部であり、マイトレーヤの一部であり、シバの一部でもあります。彼らの間で、同じ全能なる神の意識を共有しています。

仏陀。大きな神です。仏陀は沢山の神々に分かれます。観音もそれら偉大な神々の一人です。昔の神々も時代や時代のエネルギーに従い進んでいきます。

誰が時代のエネルギーに従って進んでいないのでしょうか。人類です。

もうご存じのように、人類にははるか昔にコントロールされた過去があり、その神聖なDNAは地球外生命体の研究や実験により汚されました。それにより、ほとんど小さな神々であった人類は何者でもなくなってしまいました。あなた方人類はそのコントロールされた遺伝子を受け継いできたのです。

その後、別のタイプの神々が到来し、その神々を人々は次第に信じるようになりました。やがて大きな宗教として力を得ていき、宗教が人類をコントロールするようになりました。神々ではなく、僧侶からのコントロールです。どうしてそうなるのでしょうか。

例えばカトリック。あなた方が宗教を実践する時、誰があなた方の近くにいるのでしょうか。司祭、枢機卿、教皇など、地球における神々の使いだと思い込んでいる者たちです。

人々は司祭や教会トップの人々の姿を通して神を見るようになります。神を直接感じることも見ることもありません。神と直接コンタクトを取ることもなく、いつも誰かを通して神を崇めています。

500人の僧侶がいる大きな宗教組織があるとしましょう。その中で幹部が10人いるとします。残りの490人は、幹部に対して忠実でなければなりません。

でも幹部に対して忠実であることと、神に対して忠実であることは、どちらが重要なのでしょう?

幹部により根元から管理、コントロールされているのに、どうして偉大な神々の光が、民衆に対して直接仕事をしている僧侶に届くでしょうか。

宗教が生まれた時から、全てがそうではありませんでしたが、人類は僧侶の脳波パターン、霊的パターンによって操作されてきました。即ち、あなた方人類は地球外生命体によりDNAの操作を受け、その後、宗教の幹部などによってコントロールされてきたのです。

すると、あなた方は実際に神々と繋がったことはなかったことになり、本物の神々の無条件の愛、優しさ、平和のエネルギーを受け取ったことがないことになります。神々のエネルギーは、宗教の幹部の脳波パターン、彼らのメンタル、マインドの波動パターンの干渉を受け、損なわれてきたからです。

そのためあなた方が受け取るものは神の光の100％ではなく、40％、45％ぐらいになります。純粋な神の光としてあなた方に100％届くはずのものに、教会、神社などの司祭、僧侶、幹部などが介入してきたからです。

どうしてこういうことをお伝えしているのでしょうか。

人類がエネルギーを高めることを求められているこの時代、宗教には重要な使命があるからです。しかし、多くの宗教は、どうしたら民が高まりに向かうかに関心を持つ代わりに、経済的な部分を中心に考えています。

そのような状況を利用して、人類がアセンションしないよう、進化しないようにコントロールを強化するために偽の神々が地上に降りてきています。

一方、人類が進化しアセンションを遂げるようにと地球にやってきた本物の神々は、立派な建造物や天井に描かれた龍神、壁にあるマンダラなどには興味がありません。

重要なのは、神々の光が100%降り注ぐようにすることです。

人類の波動パターンは非常に低くなっています。人類は、コロナウイルスとワクチンの洗礼を受けディセンションするために準備されています。そしてこれからも偽の神々が降臨し、仕事の仕上げをしようとしています。

昔、人類は人々をコントロールしていた貴族や王族による政治を信じていました。彼らは贅沢に暮らし人民は飢えに苦しんでいましたが、それでも信じていました。今も同じことが起こっています。

政治家や宗教家は王様のように暮らし、国民をいじめています。コロナウイルスは経済格差をぐんと広げ、ワクチンを打たない人をコントロールしようとしました。

宗教と似ています。信じなければ出て行け、我々に属さない者は悪人であり、歓迎されない人と見なされます。

職場でもワクチンを打たない人は白い目で見られ、職を失ったり別人格のように扱われたりしました。そうして社会のバランスが崩れていくのです。

誰が社会のアンバランスを望んでいるのでしょう？　邪悪な地球外生命体です。人類が恐れや不信により分裂するようになれば、彼らは科学者、製薬会社、医者、お金、権力を利用して、好きなように人類社会に入っていきます。

社会をよく見て下さい。最初ワクチンに懐疑的であった科学者や医者も、お金の力を前にして魂を売りました。文字通り魂を悪魔に売ったのです。お金が沢山支払われれば、国を支援するようになります。一度お金のお風呂につかれれば、それは当然でしょう。

現在の日本人のスピリチュアルレベルは高くありません。そのため、そのような状況を許したのです。社会に沢山のエゴがあります。

ポジティブで建設的な思考形態が必要です。今の国民には社会の悪化を食い止め、良い変化を起こすべく光を引き寄せるエネルギー、エモーショナル、スピリチュアルな力がありません。

１９２３年に関東大震災がありました。９９年前です。

東京、千葉、茨城、このゾーンは現在大変危険です。いつ地震が起こってもおかしくない状態です。大きな津波も考えられます。２０％、２５％ではありません。６０％、６５％の確率です。

そのように危険な状態であっても、政府は無視しています。日本は安全な国で何でも好きなようにできると考えています。人が好きなことができるのは、神々が許している間です。

さあ、神々が許すか、許さないか、待つことにしましょう。神々は積もりに積もったゴミを浄化したいと思っています。

世界も同じです。世界はパンデミックが終わろうとしていると考えています。それどころか始まったところです。人類はウイルスは馬鹿だと思っているのでしょうか。彼らは頭が良いので、出なければならない時を知っています。カオスを作り出すためです。ワクチンの助けを借りて、外に出る計画を立てています。アジア、ヨーロッパ、アフリカ、アメリカなどで、あらゆるタイプのコロナウイルスがいっぺんに姿を現せばどうなるでしょう。その可能性がまだあるのです。

ワクチンを打った人は一時期ウイルスを抑えていますが、ウイルスは彼らの体内で働き続けています。ウイルスにはコードがあります。あなた方は知りませんが、ウイルスを作った科学者は、ウイルスにいつ、どの時期に、どう展開していくかというコードを挿入しました。その背後に地球外生命体がいます。

地震と同じです。いつ来るか分かりませんが、来る時は一度に来ます。全てのウイルスが互いにコンタクトし合うようになるでしょう。大陸、国は関係ありません。どこでもです。

何が彼らを結びつけているのでしょうか。意識です。それが最も危険です。今まで意識について口が酸っぱくなるほど話してきました。

人類はネガティブな意識で生きています。コロナに対する恐れ、ワクチンのコントロールに対する恐れ、逆に現存しているものを無視して進もうとする意識、自分さえ楽しければ他はどうでもいい、そういう意識は全てネガティブな意識です。同じ意識で振動していれば、それはエネルギーに変わります。

想像してみて下さい。ウイルスは互いに繋がっています。５つの大陸、そこに存在する国々。ウイルスが集合意識に入り込み、巨大なエネルギーを形成すれば、感染は爆発的なものになるでしょう。

人類が意識を上げれば、コロナウイルスの意識にブレーキをかけることができるのです。でも人類にはその意識はなく、ウイルスにアクセスフリーの状態を作り出しています。

コロナは終わってはいません。大洪水、食糧不足、経済問題など、これからやってこようとすることは想像がつかないでしょう。それでも光で振動しようと努力している人は救われるでしょう。

もう宗教は役に立ちません。多くの宗教はネガティブなポータルと化し、ネガティブな地球外生命体がそのポータルを利用して活動し、ワクチンを推進し、人々をコントロールしています。

ポータルを通し、これから様々な問題を人類にもたらすことになるでしょう。特に経済、政治、社会的に力を持つ宗教です。

日本の政界も大きな宗教にコントロールされています。日本には、日本の大きな宗教組織とコンタクトを取っている秘密政府が存在しています。現在の政府とは関係ありません。彼らが命令を下します。政府はそれによりコントロールされ、彼らが命じることを行います。

気付かないでしょうか。おかしいと思うことが多々あるでしょう？　どうして態度が急変するのか、どうしてこんな風に考えることができるのか、どうしてこれほど世の中のことが分からないのか、どうして国民を無視することができるのか、と感じたことがないでしょうか。

そのおかしなことのルーツは政治家ではありません。彼らをコントロールしている者たちから来るのです。

現在の日本の与党はファシストの新保守党（ネオコン）です。国民をコントロールするためにいます。これは過去からバトンタッチしてきたものです。大宗教を通したコントロールの霊的部分と関係しています。

日本の秘密政府はおそらく韓国などアジア諸国の宗教グループとも繋がっているでしょう。彼らはアジア諸国とアクセスがあり、政治、経済、宗教的サポートを行っています。

このような状態で、どうして国民は安心や安らぎを得て進んでいくことができるでしょうか。国民の利益を守りません。自分の利益だけを守っています。

ご存じの通り、政治家は選挙前には、素晴らしいことを有権者に色々と約束します。しかし一旦当選し、ポストが与えられると人が変わります。お金と権力によりコントロールされるからです。選挙前に何を言ったか忘れています。それが政治です。どの国も同じです。

政治はコントロールするための哲学です。国を統治するのに政治家は必要ありません。必要なのは国民の結束です。国民にはこの国を運営するためのメンタル、マインド、エモーショナルな能力があります。どの国もそうです。政治家は必要ありません。

誰が国民のことを考えるでしょう？　国民自身です。政治家は国民に何が起こっているのか分かりません。彼らの頭は現実から遠いところにあるからです。コントロールされているので、国民にどんな問題があるのか、国民が実際何を必要としているのか知りません。

そこに宗教、お金、権力、日本の秘密政府、アジアの秘密政府、ヨーロッパ諸国の秘密政府が働いています。

ですから、偽りの関係、あなた方の家にチラシを携えて訪問するかもしれない宗教に気をつけて下さい。この不安定な時代に、あなた方を信用させ、退廃に導こうとするものに気をつけて下さい。何をしたら良いか分からなくなる、何を信じたら良いか分からなくなる時代が来ようとしています。

霊的強さを養って下さい。進化するために僧侶も大きな宗教も必要ありません。あなた方自身が神々と直接コンタクトを取る時代です。

Section ⑩
戦犯を祀るのは良いことか？

さて、あなた方の国では国のトップが某神社を参拝したとか、しないとか、よく話題になりますね。そのことに少し触れましょう。

多くの人々を殺傷したり人々に暴行を働いた残酷極まりない日本の軍人をヒーローのように祀っている神社があります。

肉体を持っていた時ひどいことをしたとしても、望むなら、魂には光に向かう権利があります。残虐な行為を働いた軍人を崇めることは、彼らが行ったことを思い出させることになります。

そのため神社へ赴き参拝する行為は、彼らの魂を更に落とすことになります。それでは彼らは進化することも、光の人として転生することもできなくなるでしょう。

ですから、戦争犯罪人を祀っているところへ参拝に行くことは良いことではありません。もし訪れるのであれば、光に向かって進むように祈ることです。崇め奉り、黒い過去を思い出させることではありません。もう過去は存在しないのです。

あなた方が戦争を振り返り、日本人がアジア諸国で何をしたのか考え始めれば、再び彼らの魂を光から地獄へ引きずり下ろすことを意味します。

それは大変悪しきことです。それでは無条件の愛を創造することにはなりません。過去の重たい思い出の国を作ることになります。大半の為政者は光の中で生きていません。権力、コントロール、21世紀に存在すべきでない黒い過去の次元層に生きています。

Section ⑪ 人類世界に反映する霊的世界の戦い——中立に生きるを学ぶ

今見えるのは水面下にある日本です。多くの人が救いを求めて手を挙げています。津波なのか、洪水なのかは分かりません。手を挙げても誰も救われないでいます。それが近い将来に起きる可能性があります。大きな地震、大きな津波、荒廃。

武士が支配していた封建時代にも、地震や津波などであるゾーン一帯が荒廃したことがありました。今、日本はそういった自然災害、人々の大きな苦しみの時代のエネルギーに触れています。どうしてでしょうか。

日本はあまりにも大きなネガティブエネルギーを作り出したことにより、前に向かって進むために不必要なネガティブな力を引き寄せているからです。

日本や世界を占領しコントロールしようと企んでいる黒い宇宙船が、母なる地球から見えるようになってきました。地球に降りてきています。非常に危険なロボットです。

普通の地球外生命体のロボットではありません。アヌンナキのものかもしれません。今再び地球を占領したいと思っています。彼らはいつでも好きな時に原発を爆発させることができます。

それに対して、光の存在は強い光を放ち、地球に入ろうとしている一団の地球外生命体の目をくらまし、その侵入を押し留めることができます。が、そのためにはあなた方人類が高まる必要があります。日本だけではありません。

彼らはネガティブなポータルと繋がっている過去に戻り、過去の権力を取り戻し、地球や周辺の惑星全てを手中に収め、唯一の権力、唯一の政府を作ろうとしています。真っ白に輝く強烈な光だけがそれを打ち破ることができるのです。大きな光の船は、巨大なフラッシュのようなエネルギーを送り、彼らを追放します。

さて、人類はそれに値するでしょうか。

人類はワクチンをめぐり分裂し波動を下げました。メンタル、マインド、肉体、エモーショナルレベルで自分をボロボロにし、地球外生命体の侵入に大きなチャンスを与えています。

彼らは人類の状況をよく理解しており、侵入すべきまさにその瞬間を知っています。

すでに北極、南極の軸を通り、内部地球にある基地に入ってきています。彼らは破壊をもたらします。彼らが送るフラッシュのような光は一つの都市を丸ごと破壊できます。ただ、それは彼らの望んでいることではありません。望みはあなた方を所有することです。彼らはあなた方のメンタル、魂、血液が欲しいのです。

ワクチンは彼らが地球に到来し、いち早く人類をコントロールするための便宜を図るものでした。今回のウイルスは彼らの古いテクノロジーの一部だからです。彼らはそのテクノロジーを回収しようとしています。

現在彼らはずっと高いテクノロジーを持っています。あなた方のデジタルや5Gといったものは彼らにとっては何の意味もありません。

内部地球では地球外生命体間で戦いが続いていますが、それが一層激しくなっています。最近、日本やアラスカなど様々なところで浅い地震が発生していますが、戦いによる内部基地の破壊と関係しています。

日本でも龍神間の戦いが激しくなり大地を頻繁に揺さぶっています。

良い地球外生命体と邪悪な地球外生命体の間でも大きな戦争になる可能性があります。光はその真ん中にいます。地球外生命体間の戦争にならないように、光は良い者も悪い者もなだめようとします。

本格的な戦争になれば、地球にも太陽系の諸惑星にも危険が及ぶからです。そのように人類の背後にある世界も大きく動いています。

そういった一連のネガティブな動きにブレーキをかけるためにも、あなた方人類の高まりが必要です。あなた方だけでなく先祖も同様です。人類と人類に繋がるあらゆる血筋も危険な状態にあります。

マスメディアはネガティブ勢力を引き寄せています。彼らはあなた方とプレーしています。良いことを言ったり悪いことを言ったり、右に寄ったり左に寄ったり、偽善者のように真ん中に立ったりして、いつもあなた方の感情やエモーションを弄《もてあそ》んでいます。

メディアは、あなた方が分離し衰退に向かうために一役買っています。あなた方はエモーションを使い、不満、怒り、マニアックな感情、エネルギーを生み出し、分裂していきます。

重要なのはいつも真ん中にいることです。どちらかの側に立つのではありません。そして光で振動することです。

正しく見えるものにも注意して下さい。時には正しくないものが、正しいと思うものよりも良い場合があります。どちら側にも属さないけれど、正しくないものもあります。自分の道を進んでいます。どちらの側も攻撃しません。正しくないからといって悪いわけではありません。悪くもなければ良くもないものもあります。

そこに中立のラインがあります。近未来に目にするあらゆる矛盾、状況を全て乗り越えて進んでいきたいと思うならば、中立にならなくてはなりません。

良い側にも悪い側にも立つのではありません。自分のラインを守るのです。私は右とも左とも共有しないという姿勢で中立性を保つのです。

中立とは、自分のオーラやメンタル、マインド、エモーショナルシステムの周りに、強い電磁場を築くことを意味します。自分のエモーションや感情が邪悪な存在に吸収されたり、操られたり、汚されたりしないようにするためです。

自分の方が正しいと思うことは良いことではありません。中立であることです。良い悪いを問わず、いかなることがあっても公平性を貫くことです。良いと思ったら、すぐそっちに行く。それではそこに邪《よこしま》なる者がいれば、捕らわれてしまいます。悪い側に立っても捕らわれます。

公平性を維持し、良くても悪くても物事をあるがままに受け止めることです。良いものの中にも悪いものがあります。悪いものの中にも時には良いものもあります。二元性の宇宙では、地球でも地球外生命体の社会でも法則はこういうものです。

良くもないが悪くもない地球外生命体もいます。でも光と共に動いています。しばしば、彼らは良い地球外生命体がプロジェクトを遂行するのをサポートしています。

あなた方も問題に巻き込まれないように賢くなることです。どんなことがあっても神叡智を使う、つまり中立であることです。悪くても良くてもどうでもいい、自分のポジションを維持することです。良いことをしているように見える人でも、あまり良くないことがあります。気をつけて下さい。

中立に生きる術を学んで下さい。操られないように、誰かの色に染まることなく、自分の色、自分の考え方、自分の生き方を貫くことです。

これから先、何が起こっても常に真ん中にいることです。地球には沢山のイベントがあるでしょう。時間の問題です。人類は苦しみの道を探し続けています。そのようになっていくでしょう。人類が変われば別ですが、それは難しいように見えます。

日本もそうです。日本人が変われば物事は変わります。神聖なプロジェクトが実現するには、世界もあなた方も前に向かって進むために大きな努力をしなくてはなりません。

Section ⑫

「麦と毒麦の分離」に利用されたワクチン
——常識もコントロールのツール

ポストコロナについてはまだお答えすることはできません。あなた方はまだコロナ禍の中にあり、世界でも日本でもまだ終わりません。ヨーロッパ、アメリカ、中近東、オセアニア、アジアでは、人々の体に沢山のウイルスが存在しています。

日本では4回目のワクチン接種とか言っていますが、次第に消極的になってきているようですね。政界にもワクチンは何の役にも立たないことを知っている人が増えているようです。

各国政府にとってワクチンは経済を推進するための口実です。一時的にせよ状況を打開し、経済を進ませ、仕事も安泰であると国民に思わせたいからです。

今回、あなた方は企業の中に、もう一つの法律、コントロールマトリックスの姿を目にしました。法律で義務づけられていなくても、接種しなければ雇用条件を下げたり、ボーナス、給与を引き下げたりしました。社員は次第に耐えられなくなり、接種に追い込まれたりしました。

特に日本の大企業では昔から社員に対するコントロールが強く働いています。大企業は天下りを通して、政府からの命令を受け入れているからです。そのため、ワクチン接種に選択の自由がない人々がいました。生活していくため、家族を養うためには選択の余地を奪われました。

しかし、ワクチンは人類に対する背信の行為です。3ヶ月、6ヶ月、有効だと言いますが、人によります。繰り返しますが、ワクチンはウイルスを殺すのではなく遠ざけているだけです。ウイルスを殺せばあなた方自身をも殺すことになります。

以前触れましたように、持病を持っていればワクチンは死を早めるでしょう。ワクチンは持病を悪化させます。

ガン、糖尿病、肺炎、血管、心臓などに問題を持っていれば、ワクチンは細胞の中にいる病原菌を強化し、持病を持っている人の免疫力を弱め、死を早めることになります。その場合、ワクチンは人の死に直接関与していることになります。

ガンでもウイルスの働きを促せば、患者は免疫力を弱め死に繋がります。ワクチンは深刻な持病を抱えている人とは適合しません。

接種後すぐ何も起こらないのは、彼らの免疫力がまだ強いからです。でも免疫力が弱っていけば、すぐ亡くなっても不思議ではありません。数日後、数週間後、数ヶ月後かもしれません。人によります。

ですから今起こっていることは全て偽りです。ワクチンは霊的レベルで世界中を脅威に陥れているコントロールの液体です。恐れの感情をかきたて、人類がこの液体を接種するように促しています。

私が世に出してきた書籍の内容を厳しいと言う人がいるようですが、それは現実から見ればまだまだソフトです。真実を述べたら、人はひっくり返るでしょう。本の中で述べられていることはその小さな一部です。

現在起こっていることは人類を使った遺伝子実験です。これから毎年一回必要だと言っている人がいるのですから驚きです。効果がないことは一目瞭然です。

あなた方の体、細胞や血液、マインド、メンタル、エモーショナル体は、化学ゴミ集積所になっていきます。人類は川や海などの自然を化学物質で汚してきましたが、同じことを自分に対して行っています。

人をコントロールするナノテクノロジーの成分を含む薬による汚染が、自分の中で起こっているのです。ワクチンはポジティブではありません。

中国のワクチンについてですが、中国は賄賂の国です。あなた方が使用しているものと違ったタイプでも免疫問題を引き起こし、血管を詰まらすなど健康に問題をもたらすでしょう。中国製のワクチンは効果もなく、感染すれば、化学成分により症状を悪化させる可能性もあるでしょう。中国のワクチンも劣らず大変危険なものです。

現在のワクチンには全てナノテクノロジーが含まれています。それはコントロールを意味します。人に無害で健全なワクチンは一つも存在していません。

本物のワクチンができるためには、動物ではなく人を通した治験が何年も何年も必要です。動物は霊的部分は感じません。動物はエモーショナルな部分は感じません。たとえどちらかでも感じたとしても表現できないでしょう？　あなた方にはそれができるはずですが、そのことを理解していません。スピリチュアリティから遠いところにいるからです。

あなた方は五感だけを使い生活し、仕事をし、競争社会を生きています。五感だけを使っているので、自分の中に起こっている変化、激しい変化に気付くことはありません。だから何も理解できません。体も心も問題なしと言います。最初の内はそのように見えるかもしれません。肉体を失いスピリットとなって初めて、自分がやったことは大変なことだったと気付くでしょう。自分の霊的高まりに影響するからです。

ナノテクノロジーが入っていれば、地球外生命体や、地球外生命体をもコントロールする邪神が存在する世界に繋がります。ナノテクノロジーの情報は彼らに届きます。そうして、あなた方は知らずにコントロールの世界に入っていきます。彼らも、彼らサイドから「麦と毒麦の分離」を行います。地上に続いて霊的世界でも同じことを行います。あなた方はそこでも選ばれることになります。

彼らにとってコントロールされている人は良い人です。コントロールされない人は毒麦です。興味ありません。コントロールされない人を完璧にコントロールすることはできないからです。

何百万年、何十万年前の地球人類だけでなく、更に昔、宇宙で愛、調和、平和の中に暮らしていた種族に対して行ってきたように、コントロールされている人類は、邪悪な存在のプロジェクトに利用されることになります。

完璧にコントロールされている人々の感情を操り、操られれば周りの人々にも自分たちと同じであるように強要しようとします。もうお分かりですね。あなた方の今の社会で常識は何を意味するのか。

周りと同じであることを意味します。ワクチンもあなた方の社会の常識として植え付けられています。

4、50年前であれば、常識はとても良いものだったと言えるでしょう。感情、エモーション、高いマインドを使って人として考える、これが常識でした。

しかし、現在「常識がある人」とは、常識が唯一のものであるかのごとくコントロールされている人であることを意味します。常識は人をコントロールするためのツールとなっています。

他の人もするので、あなたもしなくてはならない。それは心の奥から沸いてくる自然の常識ではなく、人為的に植え付けられた常識です。

ここ4、50年前から今日まで、人類は後退しながら進んできました。人々は豊かな経済、物質文明をめざして物作りの世界に励んできましたが、それを通してスピリチュアリティ（霊性）を高めることができませんでした。

逆に、そのプロセスにおいて一昔前に持っていた多くのもの、心やスピリチュアリティを失いました。

このパンデミックの時代に、これほどの自由がある国で、あなた方日本人からどうして「我慢」という言葉が出てくるのでしょう？　あなた方日本人にとってどこに我慢することがあったのでしょうか。パンデミックに入ってからもずっと自由がありました。欧米諸国とは比較にならない自由です。

あなた方が享受しているほどの自由は他国にはありませんでした。この国は多くの自由を人々に与えました。何であれ、お金も配りました。イタリア、イギリス、フランス、スペイン、ポルトガルなど口で言うだけで、実際にお金は国民に行き渡りませんでした。

人はいつもそれ以上のものを求めます。飲食店の営業時間短縮など、経営を圧迫することがあったことなどは理解できますが、欧米諸国では長期にわたり休業を強制してきたのです。

日本はそのようなことはしませんでした。あなた方は自分に不都合なことがあるとすぐ政府が悪いと言いますが、悪いのは政府だけではありません。政府はあなた方の鏡です。

パンデミックが終息しない、それは自己コントロール、我慢できないあなた方に問題があるのです。

あなた方日本人は、今持っている自由を尊重し愛することが大切です。自由の中にも、自由に対する尊重があるものです。そうでなければ、いつかその自由はなくなるでしょう。日本の憲法を変えれば、ヨーロッパやアメリカなどと同じ、もしくはそれ以下の条件になるかもしれません。

人類は、母なる地球の更なる汚染、人類をコントロールするためにデジタル化の強化、ロボット化の普及に向かいつつあります。それではたとえ経済が良くなったとしても、仕事はどんどんなくなっていくでしょう。

科学者やテクノロジーの分野で有能なスペシャリストでない限り、仕事がなくなるでしょう。スーパーインテリジェンスの人だけが仕事を享受するでしょう。スーパーインテリジェンスと言ってもそれは頭だけで、スピリチュアル次元のことではありません。スピリチュアル次元のスーパーインテリジェンスは、スピリチュアル、マインド、メンタルの条件を満たしていなければなりません。論理、エゴ、競争に基づくスーパーインテリジェンスではありません。母なる地球はそのようなスーパーインテリは必要としていません。

母なる地球がアセンションを果たすために必要としているのは、人類が前に向かって進むために、賢いアイディアを提供する高い存在と繋がる、知性あるスピリチュアリストです。そうでなくては人類は落ちていくでしょう。

これから複雑で困難な大きな問題が沢山、沢山待っているでしょう。爆発が起こることもあるでしょう。どこかの原発が爆発するかもしれません。津波、地震、別のパンデミックレベルの病気、でもそれらは今回ほど大きくないでしょう。あったとしても、あなた方が望めば容易に通過できるでしょう。あなた方の責任ある行動次第です。あなた方の無責任な行動により、コロナウイルスによるパンデミックは日本中に広がりましたが、本来それはあり得ないようなことです。日本は、世界の模範となるべきスピリチュアリストの国です。

日本は武器を大量に購入する国ではありません。誰を殺すのでしょうか？　日本にはその力はありません。誰から身を守るのでしょう？　誰からも守れません。

アメリカを期待してもアメリカは友達ではありません。日本をお金のために利用しているだけです。

あなた方が守るべきものは自由です。日本は無条件の愛の国としてどこも攻撃してはいけません。そうすれば誰からも攻撃されることはないでしょう。

友達を作るのです。敵を作ってはいけません。無条件の愛の国は、その愛を世界に広める時です。憎しみを愛に変えるのです。憎しみをかきたてるためにアメリカを利用するのではありません。

アメリカはあなた方と共に行かないでしょう。自分のために日本を利用しますが、誰かが日本に戦争をしかけようとしても、アメリカは介入しないでしょう。自分の領土ではないと言うでしょう。

アメリカ人を日本の領土に引き留めるために、あなた方は莫大なお金を使っていますが、アメリカが日本で進めていることは自分たちのプロジェクトです。

太平洋のあるゾーンに中国や北朝鮮、ロシアが入り込まないよう、自分たちの主権を維持することです。それがアメリカの目的であって、あなた方を守るためではありません。

でも、あなた方はアメリカは友達だと考えています。彼らは友達どころかあなた方の敵です。これからも日本に資金を依存し続けることだけを考えています。

日本は独立し、無条件の愛により、あらゆる国が頭が下がるような国として成長すべき国です。でも現実はその力を失っています。

現在、ロシアからも毛嫌いされています。日本が傲慢だからです。ロシアが2島を返還しようと扉を開いた時、日本はそれを拒絶しました。その後、再びチャンスが巡ってきた時、日本は再び拒絶しました。そのためロシアは扉を閉じてしまいました。

それは当たり前でしょう。日本の傲慢さによるものです。それでは、ロシアや中国といった大国を友達にする代わりに敵に回すことになります。

そのため、あなた方はロシア、中国、北朝鮮に敵として包囲されているような状態です。この3国に対してアメリカは何かできるでしょうか。

Section ⑬ いつまで続く? ウイルス・ワクチンゲーム

パンデミックは終わったわけではありません。世界でも日本でもコロナウイルスはあなた方の社会でしばらく居続けるでしょう。

今までお伝えしてきましたように、コロナウイルスのテクノロジーはワクチンと類似のものです。ワクチンが行うことは、ウイルスが外に出ていかないように壁を作り、引き留めることです。そのためウイルスは人体に残り、更に強いウイルスへと進化する瞬間までゲームを続けるでしょう。

科学者が知らないことがあります。ウイルスは時空を動きます。もちろんマスクを使用せず人と話せば感染する、それは普通です。ウイルスは口や鼻から入るだけではありません。他の形でも入ります。人のエゴやネガティブ性が強ければ、ちょっとした油断で感染することもあるでしょう。

コロナが重症化する大きな要因は、憎しみ、恐れ、エゴイズムといったエネルギーや過剰な自己防衛にあります。自己防衛も行き過ぎれば、引き寄せの法則が働きます。ウイルスは人を害する目的で作られたネガティブエネルギーです。ネガティブな思考形態をキャッチします。

あなた方には神の一部、神意識があります。ネガティブな地球外生命体はその部分を恐れています。そのため、あなた方のDNA、RNAの中にある神意識を目覚めさせないように、遺伝子を操作しました。

その後、あなた方人類に対して、レプティリアン、インセクトイド、ドラコなど地球外生命体の遺伝学者は、自分たちの遺伝子を使い様々な実験を行いました。各種族にとって都合のよい完璧な種を作ろうとしたのです。

今まさにその時代に戻ろうとしています。DNA、RNA実験です。ご存じのようにDNAは神聖なものです。あなた方のDNAは操作されてきたものの、まだ神聖な部分が存在しています。RNAもそうです。DNAに応じて働く、肉体・霊的分泌機能です。

今回ワクチンを通して、人類にかろうじて残っている神聖な部分を取り上げるために、DNA、RNAをコントロールしようとしたのです。

もちろん人類はそのようなことを知りません。科学者、政治家、医者も知りません。そしてワクチンは世界中に広がりを見せました。

ワクチンを多く接種したイスラエルは自分たちがコロナウイルスに対して最も免疫力がある国だと言い、イギリス、アメリカ、スペイン、イタリア、ドイツなど様々な国がそれに続きました。

ところがワクチン接種後、再び感染が拡大し始めました。ワクチンにはウイルスにブレーキをかける決定的な力はありません。ある期間が経てばウイルスは活動し始めます。パンデミックから遠ざかったように見える時期がありますが、それは蜃気楼です。再び感染が始まります。

だから更にワクチンを打たなくてはとなっていきます。鶏、豚、牛などの家畜と同じです。遺伝子実験です。

誰が遺伝子実験を動かしているのでしょうか。もちろん科学者ですが、誰のサポートを受けているのでしょうか。各国政府です。どこからお金が来るのでしょうか。政府です。

いつかワクチンが機能しないと気付いた時に、一般の人は製薬会社を罰するべきだと思うかもしれません。が、誰も罰されることはありません。政府の後ろ盾があるからです。

ワクチンで人が亡くなっても副作用でいくら苦しんでも、ほとんどの国は賠償することはないでしょう。

では、賠償できないものを何故、人に強要したのでしょうか。それは人命に対する冒瀆です。法則を冒瀆することです。神々を冒瀆することです。命に対する大きな背信行為です。許されることではありません。大昔と同じ状況です。

テレビなどのマスメディアは、ワクチン接種が始まった当初、副反応などワクチンの否定的な部分についても伝えていました。

しかし、ワクチン接種に協力することにより大金を受け取るようになってから、多くの人が政府と見解を一致させるようになりました。どの国でも同じです。それでは国民は力を失います。

国民の中に高齢者がいます。50年も昔の考え方をしている人も少なくありません。一方、若い人は何も考えていません。彼らこそ無責任、無関心により社会にウイルスをばらまいています。それゆえにウイルスは消滅しないでしょう。

真面目で洞察力の鋭い人もいます。でも彼らには声を上げる場所がありません。沈黙を守るしかありません。周りは皆同じ意識で振動しているからです。

現在多くの人は、ワクチンで感染がなくならないことを知っています。ワクチンを打っても感染して亡くなった人は沢山います。それにもかかわらず、どうしてワクチンを打ち続けるのでしょうか。

ワクチンを宗教のように信じ続けているからです。ワクチンは、人類の意識を唯一の意識に向けさせてコントロールするためのものです。背後には政治、宗教、マスメディアなどが存在します。あなた方は自分の信念に対して明確でなければなりません。自分が正しいと思うことをするのです。

社会システムにより頭がコントロールされている人を、決して説得しようとしてはいけません。家族でもそういう人がいます。あなたが間違っていると思う家族もいるでしょう。黒い羊のように異常だと思う家族もいるかもしれません。

今の物質界では家族であっても、昔は全くの他人だったかもしれません。時には家族の中に、過去世でライバルや敵だった人がいることもあります。

霊的問題の一つとして、どこに生き霊の問題が多いかご存じでしょうか。家族です。特に昔から続く金持ちの家系には、今日に至るまで様々な問題があったことでしょう。家系の中にお金をめぐるネガティブな思いやエネルギーが沢山あったはずです。

また、家族の中にもあなた方と別の時空を生きていて、コントロールとは何かを理解できない人もいるでしょう。その人のことを考えて話してあげたとしても、結局自分が悪者になり、彼らが善人になることもあります。社会システムによりコントロールされている集合意識と共に進んでいるからです。

子供たちにワクチンを打たせたくない親がいる一方、親に打って欲しくないと望んでいる子供たちがいるなど、ワクチンは家庭内に多くの問題を生み出しました。

ワクチンについては意見を述べないことです。今の社会の常識とするもの、集合意識の動きに対しては自分で考えること、望むことを口に出さないことです。ワクチンに限らず、この社会で調和、平和の中で生きることを学んで下さい。

問題やアンバランスを生み出さないようにし、自分を守りながら進み続けて下さい。

Section ⑭ ワクチンを打っても救いはある

兄弟よ、気をつけて下さい。今地球は邪霊でいっぱいです。昔のスピリット、憑依霊、憑依体、ネガティブエネルギー、ネガティブなポータルなど危険がいっぱいです。神、法則、自分に対する信念を堅持して下さい。現在の状況の中でワクチンを接種すれば、悪魔的な力によりコントロールされやすくなるでしょう。そのプロセスの中で、憑依霊、憑依体の影響を大きく受ける人もいるでしょう。あなた方のDNA、RNAを通して、ワクチンは過去の扉を開くからです。

迷子の魂、憑依体、昔から現在に至るまでの戦いで命を落としたスピリットなどが、あなた方のDNA、RNAが汚れるのを待っています。あなた方の中に入り、復讐をするためです。

彼らはどうして自分を殺したんだ、何故自分だけこんな目に遭わされたんだなどと、恨みや憎しみを抱いています。体をズタズタに引き裂かれたり、焼かれたり、窒息させられたりして無念の死を遂げたスピリットが、ワクチンを通してあなた方の人生に入り込もうとしています。

ワクチンを通して行う遺伝子操作は、邪神の時代にさかのぼり、当時彼らが人類に対して行った遺伝子実験に力を吹き込むことになります。

つまり、過去の古傷を開くことになります。宇宙や地球での過去です。その時代の苦しみです。それは血液のDNA、RNAを通してあなた方の先祖にも影響し、あなた方は、今まで維持してきた人としての神聖な本質を失うことになるでしょう。

ただし、それは癒やす、高まることができないことを意味していません。ワクチンを強制された人もいます。自分は本当は打ちたくなかったが社会で生きていくために他に手立てがなかった、仕事を続けるために自分の意志と反することをせざるを得なかった人もいます。

そういう人々は、ワクチン接種しても自分はコントロールされないというコンセプトがしっかりしていれば、DNA、RNAは再生、再構築され、全ての傷をカバーするようになるでしょう。

ワクチンを接種しても真剣に努力すれば、もとのDNAに戻るでしょう。強い意志が必要です。そうであれば、コントロールから抜け出る可能性が生まれます。

この人生では不可能なことはないのです。ただしあなた方が自ら地獄へ入っていけば、それは別のことです。そうではなく自分の意識を保ち、自分のエネルギーを高めたいと思っている限り、あなた方の人生には常に希望があります。

ワクチンは肉体のみならず、マインド、メンタル、エモーショナル、スピリチュアル次元のコントロールです。それらのエネルギーを全て開き、あらゆる意味での免疫、霊的免疫、ネガティブな過去世に対する免疫を奪おうとします。

そこで新たな霊的存在や憑依体が人生に入り込み、人類に影響を与えることになるでしょう。

あなた方がアセンションするように、神々によって描かれた計画があります。しかし、多くの人にとってその計画は終わり始めています。意識を上げない限り、もうその計画は存在しません。その意味において努力しなければ、ワクチンを打たなくても同じです。

多くの人々が、恐れ、不信感、無知など多くのファクターにより意識をコントロールされ、ワクチンが自分の人生に入り込むのを許しました。

自分のエネルギーを保ち、あなた方の霊的人生、物質人生に対して足を引っ張るような争い事から遠いところにいて下さい。

Section ⑮

アセンションは「I AM」と繋がること
――ワクチンは神レベルでの選択とは無関係

あなた方のハイテクは、あなた方自身との繋がりを妨げています。I AMのエネルギーと繋がっている人がアセンションできるのです。テクノロジーのエネルギーと繋がっている人にはアセンションも進化もないでしょう。

I AMは人類にとって最も素晴らしい宝です。これからI AMとの強い繋がりが必要です。そうでなければ母なる地球の浄化のままに流されていくことになるでしょう。

地球の電磁場が弱くなっています。その代わり、レーダー、ケータイ中継アンテナなどの通信網が放射する電磁波や情報が地表を覆っています。

そのため、そういう電磁波や情報を栄養源とする、内部地球や地表にいるスピリットが人々の人生に入り始めています。特に繊細な人はそういうスピリットの影響を受けたり、繋がりやすくなります。影響を受けるか受けないかは、共鳴の法則に従います。

一方、ＩＡＭや光に繋がるためには繊細さが必要です。いつも言いますが、繊細さは弱さを意味しません。繊細な人でなければ光の存在とは繋がれません。アンテナがないからです。

エネルギーレベルでは鈍感でも、霊的に繊細な人はいます。そういう人は繋がりに気付いていませんが、行動となって現れます。

霊的調査を通して、多くの人のＩＡＭが、エゴイストな集合意識、情報の世界により、コントロールされ汚れているのが分かりました。情報がＩＡＭに到達すればするほど、ＩＡＭがズレていきます。

それにより、コミュニケーションを司る脳の最もデリケートな部分が変化していくでしょう。そうなれば、脳の神聖な性質を失い、アナログ時代のような人ではなくなっていくでしょう。

私たちから見れば多くの人の意識はフニャフニャしています。何が良いか悪いか識別できないでいます。

シャーマトリナ（＊Ｐ１３８参照）が働くためには、ＩＡＭが人体にしっかりと収まり、シャーマトリナを活性化させることが必要です。そうでなければ神意識との繋がりがなくなり、光のパイプがブロックされることになります。それは、別次元にいる自分からのコミュニケーションがなくなることを意味します。

脳を高まりに向かって変化させなくてはなりません。脳がエゴに基づいた宗教、ヒーリングやテクノロジーで汚れていれば、ＩＡＭも汚れてズレていきます。脳とは、メンタル、マインド、思考形態のことです。注意が必要です。

今人類が夢中になっているハイテクは、肉体を失えば、それぞれの情報レベルにより、あなた方を次元間世界へ連れていくでしょう。それはトンネルに入った人類の「麦と毒麦の分離」です。

ワクチンやコロナウイルスによるものではなく、あなた方のＩＡＭ、シャーマトリナ、生き方、テクノロジー依存によるものです。

コロナウイルスとワクチンは歴史の一コマとしての光景です。前に向かって進むための解放を妨げる壁ではあるものの、神レベルでの分離のプロセスを意味していません。

神レベルで最も重要なのは、ＩＡＭ、シャーマトリナ、生き方です。テクノロジーや情報などに依存しないことです。

I AMはあなた方を8次元以上に繋ぐスピリットです。生き方、考え方を間違うと、スピリットのエネルギーはズレていきます。やがて決定的な瞬間が来た時、I AMが汚れていれば、前に向かって進めないでしょう。

ただしI AMが汚れていても、地球での転生をスタートするために、ある次元空間に安置してある体、クライオニックスボディ（宇宙に帰還する時に使う体）が健在であれば、それが助けてくれます。反対の場合もしかりです。

では、どちらも汚れていればどうなるのでしょうか。魂に記録されているもののバランスシートによります。地球に来る前の過去世や地球での転生で積み重ねてきたものによります。

魂に記録されているもの全てをプラスマイナスした結果、プラスアルファがあり良いものが勝っていれば、魂が前に向かって進むための道を開いていくでしょう。

ワクチンを打っても生き方がプラスアルファであれば、高き先祖が自分が先に進む代わりに降りてきて、この状況から子孫が脱出するために、助けてくれる場合もあるでしょう。そのような例は少ないかもしれませんが。

ワクチンを打ちたくないのに職場で強制された。そのような場合、その人が自分の意識パターンを変えなければ、また、ワクチンによるコントロールを打ち破るために何かをすれば、霊的世界では、何もしなかった人々、恐れによりワクチンを打った人々とは別の道を行くでしょう。

ワクチン自体の問題はもちろん多いのですが、その問題点は自己防衛や恐れ、不安、その思いで打つ、皆が打たなくてはならないという強迫観念、打たない人や逆に打つ人を差別する、そういうカルマやトラウマを生み出すことにあります。そこには霊的自由、メンタル、マインド、エモーションの自由がありません。

ワクチンのチップはそういう人に最も機能します。そういう人の周りには同じような人々が集まり、邪霊を操る地球外生命体も一緒にいるでしょう。邪悪な昔の神々、また善神が権力のために邪神と化した地球外生命体も集まるでしょう。

地球を守るために来た地球外生命体もいますが、彼らは戦いません。冷戦状態を維持するでしょう。

あなた方の宇宙において邪悪な地球外生命体は創造の神々として「自由選択のルール」を作りました。

そこでは誰が自由を楽しむのでしょうか。権力のある存在、人々です。現在、あなた方の惑星では政界、宗教界、大企業、金融界、製薬会社、医療システムなどが権力を握っています。

これから沢山のテーマが壁となって現れるでしょう。だから脳を変えなくてはなりません。社会システムにより支配されている動物脳、競争、戦い、人を区別する意識に基づいた脳から、愛と正義に基づいたメンタル、マインド、エモーションを回復し、神情報を受容する健全で純粋な脳へと変化させていく必要があります。

システムによりコントロールされた生き方ではなく、平和な心で生きるために自分を立て直すためです。

あなた方のＩ ＡＭの中には多くの情報があります。Ｉ ＡＭと繋がれば、脳はネガティブで不調和な情報をはねのけるでしょう。

そうすれば、あなた方の保護者である守護神、守護霊が現れ、あなた方を肉体、スピリチュアル次元の命を与えた惑星との繋がりに誘《いざな》い、あなた方の解放、進化、アセンションのプロセスを助けるでしょう。そして、潜在意識の中にある過去からの恐れから解放され、狭いトンネルを抜けるために必要な条件を作るでしょう。

社会では皆同じコントロールのチップで動いています。あなた方には神のチップがあります。その種が発芽し、育つことが大切です。

Ｉ ＡＭ、脳には、霊的メモリー、ネガティブなメモリー、細胞の記憶を消去する力があります。ですから決して社会システムの情報で汚れないことです。

ＩＡＭはあなた方の最も重要な部分です。行動や霊的ワークを通して、それらネガティブエネルギーをクリーニングして、ＩＡＭと繋がる努力をすることです。

このテーマは、スピリットの道を探すために重要なものです。本物の道はあなた方の中にあります。

外を見れば道がズレます。情報はあなた方を疑いと混乱に導きます。政治、経済、科学は疑いを呼び、あなた方はそれにひっかかり、閉じ込められていきます。

鈍感な人でも情報のエネルギーで振動していれば、守護がありません。情報はホログラムです。強い人でもコントロールされた情報を信じていれば、ホログラムに繋がります。ネガティブな存在はそれを望んでいます。

情報を信じるという弱点に振り回されていれば、霊的軸がぶれ、ネガティブなスピリットに繋がりやすくなります。スピリチュアリティで振動していないので、守りもありません。

あなた方はスピリットとして来て、スピリットとして戻っていきます。だからスピリットが光であるようにするのです。

肉体を失ってもスピリットが輝いていれば、光を探します。輝いていなければ、光を探すことなく闇を探し、同じエネルギーの時空に閉じ込められることになります。

そしてネガティブなエネルギーを探し、恐ろしい世界に誕生するでしょう。そうなれば大変悲惨な形で生まれ変わることになるでしょう。

光のスピリットは転生する必要はありません。霊的仕事をする準備ができていれば、神世界で働くことになります。地球のアセンションのプロセスの途中で肉体を失ったとしても、他のスピリットを助けるために働くことができます。

前に向かって進むために、ＩＡＭは大変重要なものですが、大部分の人類はＩＡＭが汚れ、肉体を機械のように所有しています。だから競争し強い者が優れていて、才能を持つ者が偉いとされます。

一方、霊的世界では、パラレルワールドにいるＩＡＭがあなた方を待っています。でも人としての目覚めがなければ、光のＩＡＭとは繫がれません。汚れたＩＡＭは闇のＩＡＭとなり、サポートしてくれません。

ＩＡＭはアセンションにとって必要です。ＩＡＭが汚れていれば、シャーマトリナを開き、ＩＡＭと繫がるのをサポートすることはできず、霊的進化ができません。また、エネルギーのパイプ、頭のトップから尾てい骨までのセンターラインが開いていなければ、ＩＡＭは入ってきません。ロジックな人はトップが閉じているので、インスピレーション、ＩＡＭ、シャーマトリナとの繫がりがありません。

霊的繋がりとは、源への架け橋であるＩ ＡＭとの繋がりです。真剣にそのことを考える時です。情報やテクノロジー、便利な生活の中で眠り続けている時ではありません。

＊シャーマトリナ…人のハートの奥にあるローズ、ゴールド、ブルーの3つの焔《ほのお》。日本人が心の太陽と呼ぶこの霊的心を通してのみ、ＩＡＭ（神我、ハイヤーセルフ）に繋がることができるとされている。

Section 16 嘘が売れる時代――集合意識から出る

今起こっていることは、終わりのほんの始まりです。

この暑さ、天候や気温の激しい変化、社会の急激な変化、社会システムの激しい動きは何を意味するのでしょうか。

母なる地球はこれ以上我慢することができない、人類が高まらなければ何が待っているのか分からないことを意味します。

新生地球は、この地球を包み込むようにして入るための準備をしています。でも、実際どれだけの人が新生地球を享受することができるのでしょうか。指で数えるほどです。

母なる地球がそのようなことを望んでいるわけではありませんが、全て法則に従います。母なる地球、宇宙の高いレベルの意識の下、時が来た時に物事は変わるでしょう。

人類も前に向かって進みたければ、この変化についていかなくてはなりません。しかし、人類はスピリチュアル、社会システムの双方において、変化に対抗して進んでいます。人々はスピリチュアリティからますます遠ざかり、社会システムはますますバラバラになり、混沌へと向かいつつあります。

これではどこに真実があるのだろうと、多くの人々は疑問を投げかけるでしょう。このまま進んでいくのだろうか、どう自分たちをコントロールしたいと思っているのだろうか、その中で自分はどのように進んでいけば良いのかといった疑問が、しばらく前からあなた方のメンタルや潜在意識の中にあるのを感じます。

現在、人類全体の動きを通して世界中がコントロールされ始め、そこから逃れることは次第に難しくなっています。ですから、あなた方の頭にはその大きな疑問があるのではと言ったのです。

それは恐れ、不安、不信をかきたて、ポジティブでない様々な感情を生み出します。しかし、今まで幾度もお伝えしてきましたように、メンタル、エモーション、マインド、霊的部分を高めるにつれて、集合意識のエネルギーと繋がらない、別のエネルギーで振動し始めるようになるでしょう。

もう集合意識は国レベルではありません。世界レベルのものです。ですから重要なのは自分の中に、光のテンプルを培うことです。自分を信じ、内なる光のテンプルを信じることです。何が起こっても、周りでどんなにネガティブな思いやエネルギーがあっても、自分を信じることです。

信念を持ち、あなた方と共にいる存在、ガイド、先祖、守護神、守護霊、別の世界からあなた方をサポートしている存在の思いを理解しようと努力することです。

今やフェイクニュースや情報はよく売れるのです。あなた方が真実を言っても誰も信じません。マスコミ、インターネット、SNS、グーグル、フェイスブックなどがしていることは、情報をコントロールし嘘をつくことです。嘘が世界の常識になっています。

どうしてそうなったのでしょうか。トランプから始まりました。彼がしてきた数々のことを覚えているでしょうか。人類の中にある光でないエモーションをかきたて、攻撃性、強迫観念を生み出し、差別意識を作り出し、人々を分離させました。

このように大変重要な時代にもかかわらず、人類はいつも人を差別しよう、分けようとします。人類の分離は深刻な問題です。

家族の中、友達の間、職場、店でも同じようなことが起こっています。どうしてでしょうか。あなた方を分けようとする大きな力が働いているからです。

ワクチンだけではありません。それは一つの形です。過去と同じです。エゴ、経済力、権力により、過去が現在に蘇りつつあります。

そこに地球外生命体が入り込み、あなた方の政界、経済界をマインドコントロールし、あなた方を分離させるためにベストを尽くしています。

地球外生命体はデジタル化を通して、人がジョブマーケットから姿を消すような社会を作りたいと思っています。デジタル化は人を必要としません。機械やロボットが代行します。

あなた方がデジタル化に賛同し協力していけば、仕事の世界、体を動かす世界、考える世界は、テクノロジーにより消滅することを意味します。人々はテクノロジー＝《イコール》体を動かさない、便利、物が簡単に入手できると思っていますが、そこに大きな罠が待っています。

何のために人は地球に生まれたのでしょうか。ロボットや地球外生命体があなた方の仕事をするためでしょうか。テクノロジーやテクノロジーが放射する電磁波が、あなた方の免疫を破壊するためでしょうか。

あなた方はロボットの奴隷になるために地球に生まれたのではないでしょう？　電磁波で病気になるために生まれてきたのではないでしょう？　家に閉じこもり、テレワーク、オンラインをするために生まれてきたのではないでしょう？

つまり、人類から地球の「主役」の座を奪い、あなた方を紙くずのように扱おうとしているのです。使い捨てです。

ワクチンも同じでした。ワクチンをほとんどの人に強要しました。特に公共施設や福祉に関わる職場、警察、消防署、医療関係、介護施設では、ワクチン未接種者は接種者にとって危険であると主張し、ワクチンを強要しました。もちろんそれは嘘です。経済を膨らませるためでした。

あなた方の国ではワクチンに対する反対意見を述べることができましたが、ヨーロッパ諸国やアメリカ、オーストラリアなどでは、ワクチンに対して否定的なことを言うのはタブー視され、厳しく管理されました。人々は沈黙を守らなくてはなりません。それが未だに続いています。

しかし、ワクチン接種すれば、肉体、メンタル、マインド、エモーショナル、スピリチュアルレベルで構造的変化が始まります。つまり、ワクチンの奴隷になることになります。

国はそれを望んでいるのです。それは経済を回し、あなた方をコントロールする一つの形です。他に方法がないと信じているからです。

パンデミックがこのまま進めば、世界経済にとって危険です。だから人々が余計なことを知り、賢くなって欲しくないのです。彼らのプロジェクトにとって邪魔な人は欲しくありません。簡単にコントロールできる人類を望んでいます。

彼らのプロジェクトは悪魔のプロジェクトです。あなた方を「言わザル、聞かザル、見ザル」にするために、ワクチンを接種させてきたのです。ワクチンを通して、健康だった多くの人々が命を失いました。

欧米、日本の多くの科学者や医者は、ワクチン接種はデメリットよりメリットが多いと言い続けています。だからと言ってワクチンで死ななければならないのでしょうか。苦しまなければならないのでしょうか。それは全くのエゴです。

自分の家族に接種後、死亡者や重篤な後遺症が出ればどうするのでしょうか。自分の親や子供が亡くなればどうでしょう。それでもワクチン接種はデメリットよりメリットが多いと主張し続けるでしょうか。同じ状況が起これば彼らも理解できるでしょう。

政治家や医者、科学者も、家族を通して自分たちの心に触れることが起これば変わるでしょう。彼らの多くは他人に強制しても、自分や自分の家族には打ちません。あなた方はその事実を知らないでしょう?

その上、彼らには専門的なクリニックの後ろ盾があります。そのように国民よりはるかに優遇された条件を享受していますが、それが彼らの仕事でしょうか？　それではエゴ、自己中心的仕事をしていることを意味します。

ですから、エモーション、マインド、メンタル、肉体を強化し、支配的な集合意識に捕まらないように気をつけて下さい。

常に自分の外ではなく、自分の中にある神聖なテンプルを見ることです。それは自分しかできません。他の誰も助けることはできません。あなた方各人の内側の問題です。

毎日、各瞬間が学びです。外の世界で何が起こっているか、どうなっているか見て時間をつぶさないことです。自分に専念して下さい。

時間があれば自然界に行き自然に触れて下さい。自然のエネルギーを受け取って下さい。存在はそこにいます。

母なる地球は、アセンションした新生地球が古い地球に入ることを望み、新しいエネルギーを開こうとしています。

しかし、あなた方の政治、科学、医療、国民はそれを妨げています。新生地球が古い地球に混ざり、構造的、エネルギー的変化を行うのを妨げています。

Section 17 あなたの信じる神は本当に存在しますか？──神々の交代

あなた方の目の前には、法則に触れ、高まりや幸せを求めるために必要なあらゆる材料があります。

しかし、過去の歴史、神社、仏閣、神話、そこに出てくる神々や存在など、過去に興味を持つ人は少なくありません。

自分の進むべき道を見つけた人でも、神社や昔の存在、昔のエピソード、神話を見て時間を費やしていれば、時間を巻き戻すことを意味します。それにはポジティブな意味と、ネガティブな意味がありますが、多くの場合後者です。

昔の神話や逸話に興味を持てば、僧侶や寺などの中にいるスピリットなどの思考形態に捕まることになります。あなた方にいくら霊的サポートがあり正しい情報があったとしても、同時に色々なことを探し求めようとすれば、正しい道を求めることはできなくなるでしょう。

自分たちの目の前にある大道から逃げるための小道を探していることになるからです。自分を偽るために小道を探していることになります。

小道はあなた方をどこへも導くことはないでしょう。太くて断固とした大道が必要です。小道を探している限り、自分の中にある本物の道を見つけることはできないでしょう。

常に自分の道に立ち戻ることです。真剣に道を探している人でも、自分の信念に隙がある時、道を外の世界に見つけようとすることが多々、あります。

好ましくない結果をもたらすことになりかねない、知らない道に入り込むのはやめて、自分の道を探し続けることです。自分の道を歩み始めれば、再び自分のところにある光のテンプルに触れることができるでしょう。

日本にも神々の名前が沢山ありますが、その中でどれだけの神々が現在アクティブに活動しているか、知らないでしょう？

あなた方は神話の世界、ファンタジーやホログラムの中に住み、それらの神々が今も働いていて、直感や情報、平和や愛をもたらしてくれると信じているかもしれません。でもその神々の場所には、違う神々、コントロールの神々がいるかもしれません。

そこに危険があります。

数千年前ここに〇〇の神が降臨した、よって今も存在していると人は信じますが、神々の世界はそうではありません。霊的世界には神々のヒエラルキー（＊P153参照）が存在します。500年、1000年毎というように、定期的にヒエラルキーは変化します。

降臨した神々は、滞在した時空を経て一層の霊的知識を得て進化すれば、更に高い次元へと上っていきます。昔の人々がそういう存在と繋がりを得ることができたとしても、存在がいなくなれば、その繋がりはなくなります。存在はその場所、空間、エネルギーとは縁がなくなったからです。

代わりに、もっと下にいる神々があなた方をサポートしようとするかもしれませんが、あなた方はそれが誰か知ることも想像することもできないでしょう？

そのように霊的世界では、ある神がある時空における使命を終えるということは、別の時空へシフトし、別の役割を引き受けることを意味します。そのため、以前その神がいた場所は、往々にして光でない存在に占有されたりしています。

神々が地球にいられるのは、長くとも2000年から3000年です。神々の法則はそれ以上のことは許しません。

5次元、6次元といった世界に長く居残れば、地球に降りた神々も人類の思考形態の影響を受けるようになるからです。それは神々の世界にアンバランスをもたらすので、良いことではありません。

そのように霊的世界では、時代に従い神々のポジション、エネルギー、霊的変化、変容、交代があります。

イエス・キリストもそうです。イエス・キリストの意識が昇天すれば、サナンダーとか、イエスではない別の神の意識が降臨します。地球に降り立った類似のエネルギーの存在は、ある一定の時間、地球に存在します。

そのように地球に降りた正神は、皆同じ源の意識を備えています。全能なる唯一の神の意識です。

彼らはいつもこの意識で降り立ち、異なる名前で仕事をし、役割を終えればそれぞれの場所へ戻ります。地上だけでなく、内部地球や他の惑星でも同じことをしています。それが光の神々の歴史です。

人として誕生した神意識の存在は戻らなければならず、地球に留まり続けることはできません。そのため彼らは戻っていき、同じ全能の神の意識をもった別の存在が来ます。そしてある期間仕事をし、人類の集合意識の影響を受けないうちに戻っていきます。

日本でも同じです。例えば、大国主命《おおくにぬしのみこと》がウサギを救ったという神話がありますが、誰も見たわけではありません。本当かもしれないし、本当でないかもしれません。

いずれにせよ神話の神々はもう地球に存在していないでしょう。もし存在しているとすれば、たとえ神なる者であっても、過去と同じコンセプトでいることになります。神々が古いコンセプトを変えるためには、時空の中に上昇していかなくてはなりません。

そのため1000年、2000年、3000年前にいた神々の多くは今地球にいません。別の仕事をするためです。全能の神は、全体のバランスを取るべく、下の神々に更に高い次元における任務を任せます。

そのように地球である期間、ある場所の統治に携わった存在は、一度去ったら戻ることはありません。ここに来た存在は、4次元、5次元、6次元、6・5次元などに住居を構えますが、時が経てば、同じ場所に居続けることはできないのがルールです。

霊的世界において、地球などの惑星をサポートするために来た神々も、更なる高みを会得することができなければ時空に遅れていきます。そうなれば、邪悪な存在の犠牲になることもあり得ます。

邪悪な地球外生命体は、人類が存在し始めてから今日まで、あらゆる段階において地球における神々（光の存在）の動きを観察し、その動きに従い介入してきました。良い神々でも、２０００年経っても高まることができず古い時空に留まっていれば、ネガティブな地球外生命体や邪神によって連れ去られ、空となった空間にはネガティブな存在が入り込んだりしました。

光の存在も地球出身でないという意味において地球外生命体です。彼らには体がありません。地球外生命体のようにレプティリアン、インセクトイド、ヒューマノイドの姿や形を取ることがあります。また、大きな蝶、大きな鯨、大きなイルカの姿で現れることも一つの特徴です。

神々は人類から恐れを取り除き安心感を与えるために、そのような形を見せたり、時には大きな人の姿で地上に降り立ち、人が神の存在を認識するように促しました。神々は雲に乗る必要はありません。大きな人、ウサギ、蝶、イルカなどの形で時空を移動することができます。

ここに興味深いことがあります。神々にまつわるエピソードは今も色々ありますが、多くの人は信じていないでしょう。

たとえ信じてもエピソードの存在が今存在していなければ、信じることは偽りになります。今も存在すれば、信じていることは真実になります。実際は、時の経過の中でいなくなることが多いでしょう。

だから信じても、その存在が現実にいなければ、それは偽りの信心、ホログラムになります。その場合、邪悪な地球外生命体や邪神が、人の信心を利用して人生に入り込み、肉体、メンタル、マインド、スピリチュアルレベルで邪魔することがあります。

それが物事の現実です。ですから、瞑想などのスピリチュアルワークをするのに適切でない神社仏閣もあります。気をつけて下さい。

1000年、2000年、3000年前のスピリット、つまり当時信仰を持って集まった人々の集合意識はまだそこにあります。進化することができなかったため、まだそこに閉じ込められています。

新しい時代、新しい法則に向かって進む時です。過去ではありません。法則はドンドン変化し進化しています。

ですから、法則を過去の歴史に探してはいけません。今、宇宙や地球で起こっていることを探すことが必要です。そうでないと過去の空間と時間に縛られることになります。

現在の宇宙と地球の光のポータル、宇宙と地球の光の存在に触れ、彼らがあなた方の扉に触れる、ここに法則の世界とあなた方との繋がりがあります。

そのためには、簡単なものを探してはいけません。容易なものに流されてはいけません。本物のスピリチュアリストになることです。存在していたものは過去の記憶です。これから来るものを発見することが重要です。現在と未来が重要です。

過去に探す、簡単で容易なものを探そうとする、ここに間違いがあります。容易なものは依存を作り、依存は光でない存在を引き寄せます。

光に値する人になるよう努力することです。あなた方のメンタル、エモーション、肉体、マインド、スピリチュアリティに変化がなくてはなりません。過去からの問題、強迫観念から抜け出し、新生地球と宇宙に向かって時空の中を進むことです。

＊神々のヒエラルキー…霊的レベルに基づいて構成される神々の社会の階級構造

Section ⑱

絶滅収容所レベルに下がろうとしている地球
——進化、アセンションの道を選択する人を助ける光の存在

兄弟よ、世界は大きく変化しています。当初、母なる地球について予想されていたものより大きな変化です。大変なスピードで進んでいます。科学者が言う気候変動だけではありません。

気候変動は、人類の霊的、メンタル、マインド、エモーショナルレベルの動きを反映したものです。

人類はあまりにも母なる地球を乱用し、あらゆるレベルで汚してきました。そのため母なる地球は、もうここまで！　と限界を設けました。決して後戻りはありません。

各国が電気自動車を準備しても間に合いません。不可能です。地球の浄化のプロセスは加速して進んでいくでしょう。

では兄弟よ、私たちのここでの仕事は何でしょうか。私たちは何をしているのでし

ょう？　私たちの主な仕事は、自分を信じ、進化の道、アセンションへの道に関心を持ち、信念を持って進んでいる人々を育て導くことにあります。

アセンションに向かう進化の道に入るためには、まず、現在の社会のコントロールマトリックスから抜け出さなくてはなりません。自分の体、メンタル、エモーション、スピリットが、集合意識に汚されないように注意することです。

世界や社会、国々は、グチャグチャな形、薄まった考え方、中身のない形で進んでいます。ワクチンは人々のメンタル、エモーショナル体を変化させ、神聖な能力を減退させています。

このまま続けば地球は絶滅収容所の惑星、より完璧なコントロールマトリックス（＊P159参照）の惑星レベルまで下がるでしょう。

あなた方の太陽系には強制収容所が存在する惑星があります。太陽の背後にあります。隠れて見えませんが存在しています。地球外生命体は上手に隠すことができるのです。彼らは次元の中に存在する次元間世界を利用し、自分たちがコントロールしている世界を泡で包み隠しています。

地球もそのレベルに到達するでしょう。現在、政治、科学、テクノロジー、医療、社会全てが一体となって、地球が強制収容所の惑星と化すように協力しているからです。

では、ここ地球での人類の目的は何なのでしょうか。どうしてあなた方は母なる地球に生まれたのでしょうか。どんな目的を持っていたのでしょうか。

カルマ、トラウマ、地球外生命体や邪神と結んでいた過去の契約をきれいにし、進化していくためです。地球はそのために**あなた方を受け入れた惑星**です。

肉体を脱ぐ前に、アセンションに向かうための進化のプロセスに入り、肉体を脱いだ後、新しい光の世界、光の惑星にアクセスできるように準備するために、人類は地球に来たのです。

思い出して下さい。地球は他の惑星と比較できないほど迅速に、カルマ、トラウマなど過去の負の清算をし、進化するチャンスを提供している惑星なので、あなた方は今ここにいるのです。地球にはインナーサンがあるからです。

地球は息苦しいから違う惑星に行きたいと言う人は沢山います。でもどこに行くのでしょう？　今地球で生きていくことができなくて、どこに行くのでしょうか。光の惑星に行けるとでも信じているのでしょうか。それは無理です。

そのような人々を待っている惑星が沢山あります。「ウェルカム！」と大手を広げて受け入れるでしょう。何のために？　コントロールするためです。

地球と類似の、もしくはそれ以下の惑星は沢山あります。どれも地球人類を喜んで受け入れるでしょう。地球に来た時、自分に与えられた役割を知らなかったからそうなるのです。知らないというより、知ろうとしなかったからです。

あなた方の世界ではこれから多くの戦い、闘争があるでしょう。惑星地球は非常に大きな混乱に入るでしょう。今まで起こったことはほんのお遊びに過ぎません。国のリーダーも社会も、人々をもっとコントロールしようとするでしょう。

地球のエネルギーを調和に導くために、光を求める人々がもっと必要です。そのために私たちはここに来ています。あなた方と共に進んでいく準備ができています。

私たちは武器を使って誰かを抹殺することはありません。誰かをコントロールしようと、感情やエモーションを使うこともありません。

私たちの兄弟である神々や、私たちが助けを求めるまで向こう側で待っている別の兄弟である光の地球外生命体と共に、調和、平和、優しさの中で母なる地球をクリーニングしたいと思っています。

私たちの仕事は、誰とも戦うことなく光をもたらす、調和をもたらす、平和をもたらす、無条件の愛をもたらすことです。

破壊的な条件の中でも、無条件の愛は常に大きな武器であり、道を開くものです。

コントロールし、操作し、強制していては道は開けません。道はますます狭くなっていきます。

私たちは様々な教えの中で、あなた方が進んでいくトンネルの中に、大変狭い道が存在することをお伝えしてきました。あなた方一人一人が、トンネルの向こうにたどり着く候補者の一人であるように望んでいます。

あなた方の世界は物であふれています。地球の浄化、レスキューオペレーションは始まったばかりです。コロナやワクチンを通して人類は地震のように大きく揺れ動きました。これはほんの始まりです。

信念を持つこと、自分を信じ続けることです。自分の道、自分の家、つまり心の中にいることです。

周りでは色んなことを言うでしょう。道を阻む危険は、家庭、職場、社会のどこに潜んでいるか分かりません。何があっても、何が起こっても、自分を持ち続けることです。

勝つのではありません。勝つ、負けるの世界ではありません。それは唯物世界のことです。勝つか負けるか、儲かるか失うか。それはエゴとコントロールの世界です。

光の世界には存在しないものです。

兄弟よ、これから様々なことが起こっても、問題があっても、前に向かって進み続けることです。倒れたら立ち上がり、はいずってでもこれからのプロセスを一つ一つ進み続けることです。

誰も完璧ではありません。完璧にクリーンになる必要はありません。人として良いところ、欠点や問題を抱えながら前に向かって進むことです。これが最も重要です。あなた方にはそれができると信じています。沢山の道があります。光に向かう道も沢山あります。でも人類は光でない沢山の道を選択しました。

十分気をつけ、自分を愛し、あなた方と一緒に進み人生を共有している人々と共に、前に向かって進んで下さい。その人々と思いやエネルギーを結束すれば、これからの進みの原動力になり、あなた方は一層強くなるでしょう。

地球の物質時間は短いかもしれませんが、霊的時間は長いのです。肉体を脱いだ時後悔することがないように、今地球で持っている時間を、日々しっかりと活用して下さい。

＊コントロールマトリックス…政治、金融、経済、法律、科学、テクノロジー、医療、食料、エネルギー（燃料）、教育、娯楽などの社会システムを通し、物質面、及びメン

タル、感情、マインド、スピリチュアリティなどの目に見えない側面の双方において人類をコントロールし従属させていく、地球外生命体により植え付けられたシステム。そのコントロールに含まれないのは、自然の中で暮らすごく一部の先住民族のみ。自分の心の中に平和と自由のパラダイスを創造することによってのみ、コントロールマトリックスから自らを解き放つことができる。

Section 19

あなたを助けたいと望んでいる光の存在
——霊能者との違いは？

セッション中、セッションを助けてくれる存在からメッセージが降りることがあります。その時伝えられたものです。

＊　＊

ヒーリングという行為は大切なものです。しかし、光の存在のメッセージも、高いレベル、考慮すべきレベルで深く働くエネルギーです。

私たちは、器に応じてメッセージやエネルギーを伝達します。エネルギーは、肉体、メンタル、マインド、エモーショナル、スピリチュアルレベルでヒーリー（受け手）のエネルギーを動かします。

メッセージを通して伝えるエネルギーは、ヒーリーのチャクラ、オーラを貫き、そここにあるブロックに働きかけ、その瞬間、ヒーラーはヒーリングという行為を意識していなくても、クリーニングし始めます。

地球のアセンションのために働いている聖白色同胞団のメンバーが、地上に肉体を持って誕生したこともありました。また、肉体を持って生きていた時、医師として活躍し、今違う時空で働いているスピリチュアルドクターがいます。

彼らも光の存在として、人々が前に向かって進んでいけるように、メッセージを伝えたり、人々の治癒に参加することがあります。

彼らの伝えるエネルギーは、肉体、マインド、メンタル、エモーショナル、スピリチュアルレベルで存在しているブロックを動かし、クリーニングし、変化させ、細胞を再生、復活させるなど色々です。必要があれば霊的外科手術を行うこともあります。

あなた方が受け取るメッセージ、読むメッセージは光であり、進化した世界、アセンションの世界に向かうべく完璧な体を準備するために役立つものです。

一度読むだけでは入らないことが多いでしょう。**二度、三度と繰り返し読むうちに存在のエネルギーと繋がり、あなた方の中に入り始めるでしょう。**

肉体、エモーショナル体、メンタル体、どの体に入るかは重要ではありません。エネルギーであるメッセージがあなた方の高まりに役に立つことが重要です。

そのようにメッセージにはエネルギーの部分があります。繊細でない人は感じづらいかもしれませんが、繊細な人と同じように入っていきます。感じる、感じないの違いだけです。

以前、人の霊能と光の存在との違いがよく分からないと言った人がいましたが、それに少し触れましょう。

アストラル界はおおまかにアストラル下位、アストラル中位、アストラル上位の3つに分けることができます。

一般に霊能者は物質界とアストラル下位の間にある形を見ます。しかし、アストラル界の深部やアストラル中位以上の世界を、識別、認識することは困難でしょう。

光の存在はそれが可能です。様々な過去世、パラレル現実界、パラレルワールド、カルマ、トラウマなどの霊的ブロックを見て、チェックするだけでなくクリーニングするために働きます。

霊能者はアストラルのあるレベルまで見る可能性があります。そこで霊能力は終わります。それ以上の世界は、より高く幅広い霊能力、より深いレベルで見る非物質の存在の力が必要となります。

彼らは肉体を持たない光です。そのため人よりもずっと自由に時空を旅することができます。あなた方には、霊的トリップ、多次元トリップ、銀河内トリップ、銀河間トリップに限界がありますが、存在にはありません。時間、空間を問題なく飛び回ります。

肉体を持つ霊能者にはその力はありません。自分の能力を超えて旅をしようものなら、その世界のエネルギーにより汚れ、肉体、メンタルなどに問題を抱えることになるでしょう。

存在は違います。彼らは光のグループであり、一人、もしくは複数のマスターの指導の下で行動し、パラレルワールド、内部地球などの旅において危険がある場合には、的確にそれに関する情報や指導を受け取ります。

しかし、人の世界では自分の能力を過信することがあります。人は性質上、論理的メンタルを使って定義づけようとするからです。

光の存在はメンタルを使いません。スピリチュアルな部分だけを使います。スピリチュアルな部分とは、目に見えない世界に存在するあらゆる秘密です。そこでは見えないものが見え、存在しないものが存在します。物質にも重さがありません。

物質界に住んでいるあなた方には形がありますが、霊的世界にはありません。だからあなた方よりずっと自由です。ずっと高いところにいます。

人は8次元、9次元、10次元の存在に到達することはできません。霊能者の中には5次元、6次元まで到達することができる人もいるかもしれませんが、それ以上は不可能でしょう。

そこは光の存在のテリトリーです。光の存在がそこから物質界へ降りてくる時は、大きな存在や神々と同じように、戦士、先住民族、エシュー（＊P166参照）などの形を取りカモフラージュします。

地球がアセンションしないように、人類が進化しないように動いている内部地球のネガティブな存在や人々などに攻撃されないようにするためです。

現在、人類の集合意識は、内部地球のネガティブな地球外生命体や、邪神、邪霊を引き寄せ、彼らは地球や人類がアセンションしないように、人類の動きを上手に利用して動いています。それがあなた方が今地球で見ている光景です。

人は強迫観念に縛られ、存在しない問題を引き寄せています。戦争もそうです。引き寄せなければ問題は物質化することはありません。

問題の種はあなた方のリーダーやあなた方の頭の中にあるのです。人類はあまりにもコントロールされていて、物事をとことんややこしくしています。そのため、ネガティブな存在の影響を簡単に受けています。

問題はもっとシンプルです。あなた方一人一人が余分なことを考えずに、なすべきことをする。そうすれば物事はずっと良い形で解決していくでしょう。

しかしながら、現在の人類のシステムは問題ばかり追求し続け、あなた方に対して更に厳しくなり、あなた方を肉体、霊的レベルで抑圧された世界に追い込もうとしています。それでは、あなた方は進化し解放に向かうどころか、過去の抑圧の時代へ逆戻りすることになります。

21世紀に入り人類の霊的レベルは下がり、政治、宗教など、全てが退廃に向かっています。彼らについていく人は彼らと同じです。違う人々は、地球の進化を助けるところまで行かなくても、新しいものを探し、別の方向へ抜け出すチャンスがあります。そうであれば、光の存在が母なる地球より適切な惑星で働けるように、あなた方を救出する可能性があります。

これから物事はあなた方が想像する以上に大きく変化していくでしょう。

＊エシュー…大まかに言えば、オリシャー（神々）のメッセンジャーであり、アストラル界でのガードマン（守護神）の役割を果たす存在。寺院の守護神である金剛力士像なども東洋のエシューの姿の一例です。

Section 20 デジタルシティは内部地球のマイナス次元界のレプリカ ——その中でアセンションに向かうには？

アセンションの道は、現在の霊的時間に従って進むことです。今まで学んできたことだけでは十分ではありません。もっともっと必要です。

テキストや本を読んでも十分でありません。個人的な体験が意識を変えます。時間と空間を旅すること。そこにアセンション、進化の秘密があります。

体は地球における命の乗り物です。スピリットや意識を、情報からの攻撃、コントロールマトリックスから守ることが必要です。スピリットと意識は、肉体にエネルギーをチャージするために基本的なものです。

あなた方の肉体はこの地球の3次元に物質として存在しますが、スピリット、意識はここにあるべきではありません。汚れるからです。神聖な法則と繋がり、コントロールマトリックスの外にあるもっと向こうの空間、時間に存在すべきです。

何のために？　あなた方の肉体とあらゆる微細身を、エネルギー、光で滋養するためです。あなた方のメンタル、つまり日常使う下位のメンタル体が、現在の地球のコントロールマトリックスにより、操作されたりコントロールされたり盲目にさせられたりしないようにするためです。

これはお願いではありません。要求です。各人が自分に対して要求しなくてはなりません。要求するというのは、断行するということです。しなくてはならない、どうしてもする必要があるというものです。それが進化、アセンションです。光、エネルギーで満たされたメンタル、肉体を創造することです。そのためにはスピリット、高いメンタル、高いマインドが、車のガソリンのごとく必要です。

常に、肉体をエネルギーで一新し、リフォームしていくためです。そのようにして微細身、霊体に従い、肉体を変化させていかなければなりません。

地球での命の器である肉体のもっと向こうにスピリット、法則、光の世界、神々の世界、様々な存在がいます。彼らは、あなた方の高まり、アセンションのためにあなた方の知らないところで仕事をしている、なくてはならない存在です。

時空を超えたところに全く異なる社会があります。そこにあなた方は到達しなくてはなりません。

そのためにしなくてはならないことは、頭に色々なことを詰め込むことではありません。毎日、各瞬間にその精妙な世界、スピリット、神意識、エネルギーと繋がり、あなた方の肉体と融合するために努力することです。

そうすればあなた方の肉体はいつも精妙なエネルギーにより滋養され、守られ、強化されていくでしょう。

同時にプラーナのエネルギー、気のエネルギーがなければ、あなた方は生きていくことはできません。それは前述の霊的エネルギーと同様、必要な物質的エネルギーです。どちらも見えませんが存在するものです。空気のように存在するものです。

それらのエネルギーがあなた方の肉体に触れるためには、信じる力が必要です。エネルギーは、唯物社会を生きていくために使う普通のメンタル、つまり下位のメンタルを変化させることができます。

あなた方の社会には低い山、高い山が沢山あります。沢山の山は、沢山の壁を意味します。それは沢山の問題を意味します。前に向かって進みたくても、できないことがあります。

しかし、あなた方が霊的エネルギー、スピリット、自分の上位のメンタル、高い意識、高いマインドに繋がっていれば、論理や理屈を軸に動く下位のメンタルに足りないものを補い、バランスを取り、状況を変えることができるのです。

人類は、あなた方の国もそうですが、論理の中で生きて仕事をし機能しています。あらゆるものが論理的思考形態の下で進んでいます。

それはあなた方が社会から受け取る情報は同じだということを意味します。違いがありません。全て同じ道を進んでいます。

論理的思考形態の下では、メンタルの弱い人は苦しくなりますが強い人は我慢できます。でも要注意です。エネルギーが強さを増す中、ある瞬間から、強い人は肉体人生、霊的人生において衝撃を受けないという構図は崩れていくでしょう。

どうしてでしょう？　いつも形あるものだけを見ているからです。形のもっと向こうに、エネルギーがあることを忘れています。エネルギーを無視し、拒絶しています。

それは霊的人生があることを無視して生きることを意味します。地球に来て様々な人生を送り、ここに至ったプロセスを忘れています。

今、あなた方は、情報という悪循環から抜け出すための重要な瞬間に来ています。

情報はポジティブなものにせよ、ネガティブなものにせよ、あなた方のメンタルにインパクトを与えます。生きるコンセプトを変化させます。どういうことでしょう？

良い悪いに関わらず、あなた方が情報の波に入り込めば、コントロールされ始めます。それでは自分の意識を高めることはできません。ネガティブな時空、コントロールマトリックスに縛られることになります。

それではどんなに高まりたくても、いつも人類が互いをコントロールし続け合うのを待ち望んでいる地球外生命体により、捕らわれることになるでしょう。

スピリット、高いメンタル、高いマインドは、コントロールの集合意識を打ち破るためにこの上なく重要なものです。それら霊的部分のバランスが取れていれば、コントロールに繋がる情報は高い意識により自動的に遮断されるものです。入ることはありません。どうしてでしょう？

あなた方は別のエネルギーで振動し、光の存在と繋がって生きているからです。そのため目に見えない壁を作っています。良いものだけが入り、悪いものは入りません。悪いものと戦うことはできません。悪いものは大きな質量、力を持っているので、エネルギーレベルにおいても大変重たいものです。低い感情やエモーションを使って戦えば、ちょうど壁をこぶしで殴りつけ、手に怪我をするようなものです。集合意識というのはそういうものです。

集合意識は凄まじいコントロールの力を持ち、簡単に人の中に入り込んでいきます。マインド、メンタル、中枢神経などを汚染し、頭も体も重たくなるでしょう。

では、どんな時に集合意識はそのチャンスを利用するのでしょうか。あなた方が自分のスピリチュアリティを下げ、メンタル、肉体、スピリチュアルレベルで弱っている時です。そのような時は、拒絶できるだけのエネルギーを放射していません。障害物がないので集合意識のエネルギーは簡単に入ってきます。

今、日本でも世界でも人々は、スマホなどのテクノロジーに囲まれて生きています。あなた方の生きている物質界に、電子シティ、デジタルシティを作ろうとしています。トータルコントロールの世界を作るためです。あなた方の多くがその世界に含まれています。デジタルシティはコントロールされた世界です。

それは4G、5Gのアンテナを立てるだけではありません。様々なケータイアンテナを立てれば、あなた方をコントロールしたがっているあらゆるネガティブな存在を引き寄せることになります。

アンテナが放射する電磁波は、人類の意識を飲み込むネガティブなドームを作ります。神聖なクリスタルドームとは対照的なものです。

人工衛星を通して、地球外生命体からマインドコントロールのサブリミナル信号が送られていることは以前お伝えした通りです。衛星から送られてくる情報は、基地局、電柱を通して建物へと中継されます。そのコントロールドームの中にいれば、そこから出ることは難しいでしょう。

かつてダンテが言ったように、内部地球にはマイナス1～マイナス7次元まで広がるマイナス次元の世界があります。各次元は更に7つの層に分かれています。従って49のマイナス、つまりネガティブな次元間世界があります。

現在の人類は霊的レベルで大変低下したため、このようなことをしたら将来どうなるかなどと、自分の頭で考えることをしなくなりました。そのため地球外生命体に簡単に操られ、彼らのマイナス次元の世界のレプリカを地上に作りつつあります。デジタルシティです。

それは光の存在から見えないように、しっかりとカバーされている世界です。地球外生命体が作る泡に包まれた世界です。彼らの多くは肉体を持っていません。彼らは次元も周波数も操作します。

何のために？　地球外生命体が、デジタル経済を通して人類社会に簡単に侵入できるようにするためです。国も企業も莫大な資金を得るために、更なる情報、更なる便利さを人々に提供し、ネガティブな次元間世界を作るのに利用されています。

その世界は内部地球と宇宙にあったものです。それがあなた方の住んでいる地上に姿を見せ始めています。真剣にスピリチュアリティを求めている人々にとって逃げ場がなくなっていきます。

このような世界を上手に描写している映画が色々あるように、それは実在するものであり、あなた方の現実になろうとしています。

山々などにある神聖な空間には光のポータルがあり、守りや神聖なプロジェクトを担う神々、光の存在が住んでいます。テクノロジーの発生するエネルギーが神聖な空間を冒瀆《ぼうとく》した瞬間から、彼らは姿を消します。

今まで土地を守ってきた光の存在が姿を消したゾーンは、孤児のように守りのない状態です。そこに住んでいる生き物たちは、アンテナやスマホが発生する電磁波、電磁波が運ぶ情報を共有することになります。

自然、植物、灌木、花、動物、小動物、鳥、昆虫たちを見て下さい。都会、郊外、田畑、山々など、彼らのエネルギー場がどうなっているのかご存じでしょうか。

これほどデジタル波動が強くなれば動物たちは死んでしまいます。特に昆虫はバイブレーションに敏感です。

どうして昆虫や鳥には方向感覚があるのでしょうか。彼らは小さな脳をしていますが、非常に発達した感性、センサーがあります。母なる地球の子供としての純粋な性質です。センサーは人にもあったものです。

彼らはどこから情報を得るのでしょうか。地球の電磁波エネルギーです。気エネルギー、プラーナエネルギー、コズミックエネルギーと繋がり、自然界の意識を感知します。

野原や山々など小動物が生息するゾーンに、アンテナ、特にマイクロ波を放射する5Gアンテナを設置した瞬間から、昆虫、次に鳥などを絶滅へと追い込んでいくでしょう。

マイクロ波のような大変細かい電磁波は彼らの体を貫通し、脳やセンサーに大きな影響を与えます。つばめなどの渡り鳥も影響を受け、移動時、方向を間違えるなどして途中で死ぬこともあるでしょう。

あなた方のテクノロジーが放射する電磁波は、地球の電磁場を弱めます。自然の子供として4つ足で、地球の気エネルギーやプラーナを受容していた狸、きつね、熊、猿などの動物も、受け取るエネルギーが減少し、生きていく上で様々な問題が生じるでしょう。

通信網から容赦なく放射される電磁波エネルギーは頭にも入り、動物はアグレッシブになりやすくなるでしょう。今までおとなしく穏やかだった動物も、突如人を襲うようになるかもしれません。彼らにはどうしてそうなるのか分かりません。動物たちはとてもピュアな感情を持っています。

そのようにデジタル通信の電磁波エネルギーは、彼らの様々なコントロールを失わせます。地球の自然な電磁場は、自然の気、プラーナエネルギーであるので、それらが彼らの体内で機能しなくなるからです。

あなた方人類にも同じようなことが起こっています。大量の情報を運ぶ電磁波波動は大変細かいので、生き物を攻撃したり彼らの生活空間を奪うだけでなく、あなた方の頭、意識、パーソナリティに侵入し、脳をコントロールし、固くしていきます。

後頭部が感情を司っていることはご存じですね。そのため後頭部はスピリットが憑依しやすいところです。

脊柱に繋がる後頭部は、人が失ってはいけない最も重要な部分です。そこは感情、エモーションをコントロールする場所であり、神聖な存在、神々、守護霊、ガイド、先祖などとの霊的繋がりに関わる部分です。

あなた方が日常あらゆる場面で利用しているデジタル通信網が発生する情報電磁波は、時空に濃密なカスとなって残存します。誰がそのカスを食べにやってくるのでしょうか。

地球外生命体です。そこに彼らの餌があるからです。それは地球外生命体や何千、何万、何百万年も地球にいる邪霊の魂を引き寄せます。

それは何を意味するのでしょうか。霊的憑依です。何を通して？

通信テクノロジーにより、後頭部、脊柱、胸などに知らない間に挿入されたチップ、インプラントを通して、彼らはあなた方の感情に入り込みます。

地球外生命体ばかりではありません。様々な憑依霊、テクノロジーの生み出した憑依体もいます。彼らは後頭部からあなた方をコントロールし始め、あなた方はネットの世界に埋没していきます。

情報電磁波にはメモリーがあります。彼らはそのメモリーを利用して、あなた方の意識を上手に操作します。ネットの中であなた方が生み出す感情、マインド、エモーショナルのエネルギーは、彼らのエネルギー供給源として重要な役割を果たしています。

一方、あなた方の意識がネットの世界にあれば、それがあなた方の世界になり、現実世界に対する興味を失います。地球や世界、自分の国、自分の周りで何が起こっても現実味を失い、何も感じなくなり、強化されていくコントロールマトリックスに従って進み続けていきます。

テクノロジーが発生する強力な電磁波エネルギーが地球を覆い始めています。自分の肉体を滋養するよう、高いスピリット、高い意識、高いメンタル、高いマインドを維持して下さい。これらの目に見えない精妙なエネルギーが肉体に力を与えているのを忘れないで下さい。

現在の人類は、「霊的科学」を拒絶しています。「終わりの始まり」を創造している先端技術だけを受け入れています。そのため、人が始めたことはいつか終わります。

人類は電磁波とテクノロジーで地球を占領し始めていますが、それは母なる地球を傷つけます。太陽光、風力発電など、あなた方がクリーンエネルギーと呼ぶものはどれもクリーンエネルギーではありません。母なる地球を傷つけます。

本物のクリーンエネルギーはコズミックエネルギーです。このエネルギーは無尽蔵に存在し、無限に調達できるため安くなります。

しかし、あなた方の地球ではお金にならないものは役に立ちません。しっかりと金儲けをしなくてはなりません。企業が太り続けるために、財源を豊かにしなくてはなりません。それは間違っています。その先で人類を待っているものは退廃だけです。

この退廃の波に乗らないように、日々、自分の体、メンタル、エネルギー、IAM、自分のスピリット、高い意識、高いメンタルとワークして下さい。前に向かって進み続けるために、毎日が勉強です。

そうすれば、人類の中に侵入し、コントロールしようとしている強力な電磁波エネルギーにより、占領されることもコントロールされることもさほどないでしょう。

強力な電磁波は、人類だけでなく母なる地球や動植物も滅亡に導こうとしています。お金、デジタルマネーを稼ぐという目的を達成するためです。物質としてのお金さえも消滅させようとしています。

お金は、物との交換が始まった時から存在する人と人の間のコミュニケーションです。デジタル化にはコミュニケーションがありません。

反対に人々や国々を隔てるものです。デジタル化には、話す、聞くといったコンタクトは存在しません。何も存在しなくなります。小さな器機が全てになります。

人類よ、あなた方は不適切な道、退廃への道を歩んでいます。あなたがその一人にならないように気をつけて下さい。

断固として前に向かって進み続けるために、自分の肉体人生だけでなく、メンタル、エモーション、マインド、スピリチュアル人生にも十分注意を払って下さい。

私は進化する、アセンションすると口で言うだけでなく、ワークを実践しなくてはなりません。自分に対して仕事をしなければ、進化もアセンションもありません。

毎日ワークすることです。少しでも毎日すれば違うのです。毎日進化し続けていくことです。それができれば、必ず前に向かって進んでいけるでしょう。

Section ㉑ 運命とマインド――増える「集団の拒絶や受け入れ」現象

運命は自分で創るものです。他人や霊能者、社会、先祖が創った運命ではありません。誰もあなた方に代わって運命を創ることはできません。

因縁を受け入れればそのエネルギーに包まれます。それはカルマ、トラウマ、場所や家系にまつわる霊的要因に関わるエネルギーです。信じればそのエネルギーに縛られることになります。

家系の運命と言いますが、自分の霊的アクションを通して打ち破ることは可能です。霊的アクションとは自分のエネルギーを動かすこと、つまり自分の思いを変えること、そのための何かをすることです。

私は貧乏だから仕方ないと思えば、自分でその運命を定めることになります。幸運は自分が求めれば存在します。それが地球の物理的法則です。

光、スピリチュアリティを求めている人は、マインドを通して光を求めている人と繋がります。これがこれからこのコントロールマトリックスの社会で始まります。

そのために、あなたはもっとマインドを強くしなくてはいけません。あなたがもっと高く強いマインドで振動すれば、変わります。

職場の人間関係で悩む人が増えています。周りの人と中々うまく行かない、どうしたら仲良くなれるのだろうと悩み、仕事仲間のマインドと繋がることを求めていれば、スピリチュアルレベルでその時間と空間に留まることになります。

もっと高いマインドで振動すれば、同じエネルギーレベルのマインドの人と知り合うでしょう。

これから更に「集団の拒絶や受け入れ」現象が増えるでしょう。マインドが異なれば人は分かれます。同じであれば、引き寄せられます。霊的引き寄せの法則がマインドに対して働きます。

マインドが弱ければ、周囲の人々のマインドに身を委ね漂流していくでしょう。人が良くしてくれればうれしい。冷たくされるとすぐ落ち込む。

このように、仲間の低いマインドに左右されて悩み続けていれば、そのエネルギー、集団のエネルギーの世界に閉じ込められ、進化の波から外れていくでしょう。

それを繰り返すことがあってはいけません。注意！

これから前に向かって進み続けるために、高いマインド、強いマインドを維持することが必要です。自分の中に「平和、調和の不動の光のテンプル」を創ることです。

Section 22
地球外生命体が人類に植え付けたメモリーを打破する
——自然との共存、コロナとの共存

ハワイのキラウエア火山に続き、大噴火を起こしたカナリア諸島のラ・パルマ島のクンブル・ビエハ火山の活動は3ヶ月余りの長きにわたり続きました。覚えているでしょうか。どちらも人が住んでいる町の近くで起こりました。

それは、人が火山の神聖な空間を冒したことを意味し、これ以上火山を冒瀆することは許さないと自然は伝えているのです。

人にとっての農業、観光、娯楽、富は、火山にとって邪魔なものです。自然界から見れば、火山を犠牲にして儲けていることになります。人は距離を取り、火山を敬うことを知らなければなりません。

火山は火の表現です。クリーニングを行使するという火の意志です。これから惑星全体で大きなクリーニングがあるでしょう。

火山の近くに住んでいれば、危険に囲まれていることになるでしょう。観光客、登山客もしかりです。神聖なスペースを尊重し、火山から５㎞圏内には入るものではありません。

昔、人々は火、水、土などの神々を敬っていましたが、今ではその信仰は失われ、火山の神々に対する畏敬の念もなくなりました。火山の噴火は、人々に信仰心を目覚めさせ、スピリチュアリティに気付かせ、共存することを教えようとしているのです。火山は凄まじい自然の力を人々に見せるだけでなく、神の愛の表現でもあるのです。人類は自然を尊重し、敬うことを学び直すことが必要です。

火山の噴火は、地元の人々だけではなく人類全体の学びであり、自然の力を敬愛するためのレッスンです。

良い、悪いではありません。物事には限度があります。限度を超えれば、人は自然浄化の力に身を委ねることになります。仕事や家、時には命を失う苦しみを経て、人類は生き方が間違っていることを知るでしょう。禁断の地を利用し過ぎたからです。

文明国は全てをお金へ、お金へと変えてきました。人類はお金のために土地を奪い、汚し、環境を変えてきました。自然の力はそれをもう許さないでしょう。自然の神々のテリトリーに足を踏み込み過ぎたからです。

自然を代表する火、水、土の神々を忘れてはなりません。あなた方の体にはそれら全てのエレメントが存在しているのです。

自然界の浄化があればそれを尊重し、学ばなくてはなりません。浄化は地球の霊的進化、アセンションにとって重要なイベントです。

人類は浄化のことが分かりません。農地や家を失った人々の感情は理解するかもしれませんが、神々の思いは分かるでしょうか。

分からなければ、自然にとって人はエゴイストということになります。神々の土地を冒し、金儲けに専念してきました。これは自然の法則を冒瀆することになります。

一方、アラスカの先住民族、ニュージーランドのアボリジニ、パプアニューギニア、アフリカの先住民族などは、本物のスピリチュアリティを保ち、昔から自然の力を敬ってきました。彼らはやっていいこと、いけないことの分別がつき、命の糧である食べ物に対しても神々や自然に感謝してきました。日本のアイヌ民族もそうです。

ペルー、コロンビア、メキシコなどの中南米のインディオも火を尊重し、火山や神々がいると信じている山に登り祈りを捧げています。だから火山は同じテリトリーで共存することを許しています。限度を守っているからです。

そのようにインディオやアボリジニなどの先住民族は、信仰、スピリチュアリティを守り、先祖を通して、自然の力や存在と繋がってきました。

人類は自然と共存することを学ばなければなりません。同様、コロナウイルスと共存することも学ばなければなりません。すでに人類はコロナウイルスと共存し始めているのに、どうしてそのようなことを言うのかと思うかもしれません。

共存するようになる瞬間から、彼らも攻撃しなくなります。今のあなた方は一昔前のようにウイルスを拒絶し、恐れ、失望、パニック、マニアックな感情を生み出しているわけではありません。

しかし、**現実に存在するものを存在しないかのように無視して進んでいくのも正しい共存ではありません。**それなりの注意が必要です。まだ終わったわけではありません。

ウイルスを無視して進んでいけば、ウイルスは更なる力を得てあなた方の中に入り込もうとするでしょう。

コロナウイルスは研究所で作られたものであると当初からお伝えしてきましたが、このことについては、現在、あなた方の科学によっても確認されています。将来、別のタイプのパンデミックが出現した時、今回の体験を活かすことが大切です。

あなた方が正しくウイルスと共存することを学べば、あなた方の体、免疫システムは強化されるでしょう。あなた方が持っている良いウイルスは、5倍から10倍、強くなるでしょう。

良いウイルスは攻撃しません。彼らはウイルスが入れないようにオーラに壁を作ります。

そのようにあなた方の生き方がレベルアップすれば、外からやってくるものはあなた方の中に入れないでしょう。ウイルスの前に立ちはだかるエネルギーが、自分たちよりも強烈でコンパクトだからです。

彼らにとってコンクリートの壁があるようなものです。それではウィスはどこからも取り付くことができず、自然に弱まっていきます。

兄弟よ、それが神力です。メンタル、マインド、エモーショナル、スピリチュアルな力があなた方の中に潜在する良いウイルス、アンチウイルスと繋がったのです。

良いウイルスは、守護霊などあなた方の側に寄り添っている存在と一丸となり、コンパクトなエネルギーを形成するので、悪いウイルスは去っていき、攻撃しやすい別の人を探すでしょう。

ここにワクチンの問題が発生します。あなた方は何かあるとすぐワクチンに飛びつこうとしますが、それは違います。

ワクチンを打てば免疫ができると言いますが、簡単にこの言葉は使うべきではありません。**免疫ができるとは、体の全細胞、肉体のシステム、エネルギーシステムが変化し、ウイルスが入ることを許さない状態のことです。**自分のメンタルも肉体もウイルスより高いエネルギーで振動し、ウイルスの世界と振動しない、従って繋がることがないことを意味します。

このように免疫とは、神聖な体のメカニズムが働いて初めて与えられるものです。だからワクチンで免疫ができると公言するのは不遜だと言うのです。

人のエゴにより作られたワクチンでは免疫はできません。免疫ができたのではなく、ある期間、ナノテクノロジーの放つエネルギーにより、ウイルスがコントロールされるだけのことです。

人生の基本はスピリットを信じ、守らなければならない物事の限度を知ることにあります。ワクチンを打てば気が緩み、限度を超えて行動し、その結果逆に感染が広がれば、次のワクチン、次のワクチンへと、マリオネットのように操られていく人もいるでしょう。

西洋医学の全てが悪いわけではありませんが、薬剤を通して、常に政治と共に権威を保ってきました。医療も科学も更なる利権を得るためにあなた方を利用します。あなた方は何も考えずに与えられるもの全てを受け入れます。

ワクチンの目的は、昔から続いている権力者のエゴに基づいた社会システムと経済を存続させるためです。彼らはワクチンを打っても感染するし、他者を感染させることもよく知っています。

これは過去起こったのと同じ問題です。覚えているでしょうか。太古の昔、多くの神々と同じように、人類は非常に豊かな資質や才能を持っていました。それを良く思わない邪悪な地球外生命体の遺伝子工学者は、それら全てを切り離すために、あなた方人類のＤＮＡや生き方を変えました。

このことは再三お伝えしてきた通りです。ここで、今まで一度も触れたことがなかったことをお伝えします。

その時、彼らはチップをあなた方の頭に挿入したのです。頭の各所、ハートのチャクラなど、随所にチップを入れました。魂にまでチップを挿入したようです。それは地球外生命体が人体に、彼らの種を残していったことを意味します。

あなた方の多くは過去世で宗教、霊能、呪術などを通して邪神と関わり、知ってか知らずか、様々な契約を結んできました。あなた方が神と信じた邪神は、バックボーンを強化するため、遺伝子操作にたけた地球外生命体と結託していました。

そのため、地球外生命体は邪神を通して、容易に人々にチップを送りつけることができたのです。その当時から現在に至るまで、人類は地球外生命体のマイクロチップを挿入されたまま、転生を繰り返してきたのです。

超人になるためにマイクロチップを挿入することを視聴者に促していたテレビ番組がありましたね。

手、腕など体内にチップを挿入した瞬間から、あなた方は自由でないことを意味し、コントロールされていることになります。それは地球外生命体のＡＩだからです。

しかし、本当はそのためにチップを挿入する必要などないのです。すでに多くの人の中に、地球外生命体により挿入されたチップが潜在しているからです。

それは人類には見えない完璧なテクノロジーです。人の微細身の7次元レベルまで埋め込まれている場合もあります。

それに比べれば、物質でできたアメリカで開発されているマイクロチップはオモチャのようなものです。が、それは管理された人生を作るものです。どこから来てどこへ行くのか、何を食べたか飲んだか、全てコンピュータに残ります。どこまでも追跡して人の自由に干渉します。

人はいかなる社会的な縛りからも自由でなくてはなりません。神々や自然の力と繋がるためには自由でなくてはなりません。ところがチップがあればコントロールされます。

体を動かすために頭に医療用チップを入れている人がありますが、そのチップとは異なります。それはコントロールするチップではありません。神経システムを機能させ体を動かすためのものです。全く違うものです。

そのように、スマホに続き、ワクチンによるコントロールが出現しましたが、人類にはすでに昔のチップが潜在しています。その時の人類の細胞のメモリーは存在しています。

そのメモリーが蘇る、今まさにそのことが起こっています。その意味が分かるでしょうか。人類は、地球外生命体が過去行ったのと同じことをしているのです。

それは人類が急速に過去に戻りつつあることを意味します。人類が進化していれば、同じ間違いを繰り返すことは決してなかったでしょう。

今回、ウイルスやワクチンを通して、何故人類を分裂させようとしたのでしょうか。邪悪な地球外生命体の地球への侵入を容易にするためです。すでに多くの生命体がいます。グレイ、ショパッツ、ラウリン（＊P192参照）など内部地球にいます。

アヌンナキなどはアメリカを脅かし、アメリカは戦々恐々としています。アヌンナキは彼らよりずっと強く賢いからです。

もちろん、トランプが言った「宇宙戦争」などできるはずもありません。アヌンナキにはアメリカや地球を簡単に破壊する力があります。

しないのは神聖な力によるものです。彼らは光の船を恐れています。アメリカを恐れているわけでは全くありません。アメリカは自分で信じているほど強くありません。

そのように物事が進んでいます。それが霊的世界であり、昔から人類は霊的世界からコントロールされてきました。

だからこそ人類の目覚めが必要なのです。今どんな時代にあるのかを知り、コントロールから一人でも多くの人が抜け出すことが必要です。そうでなければ地球の進化、霊的進化はますます困難になっていくでしょう。

自然の力はあなた方に何かおかしなことが起こっていることを教えているのです。あなた方が知らない人類史、人類に課されている問題を理解し、スピリチュアリティを高め、信念を強化し、前に向かって進み続けていくことを期待しています。

＊ラウリン…ネガティブな存在のグループの一つ。特定の形を持たず、ショパッツ同様人の姿に化身し、人をだましコントロールする危険な存在です。

Section 23 人類史に干渉する地球外生命体

人類の最初の姿は、今の人類とは異なっていました。体も手足も大きく原始的でしたが、純粋さと知恵がありました。中にはアフリカのピグミー族、中南米のインディオのように小さい種族もいました。

彼らは無意識に神聖なものを信じていました。おそらくネガティブな感情などはなく、愛情深い存在でした。人類と言うよりヒューマノイドと言った方が適切かもしれません。彼らは時と共に、肉体、メンタル、エモーショナル、スピリチュアルレベルで進化していきました。

地球外生命体はこれらのヒューマノイドに対して遺伝子実験を始めました。皆さんもホモサピエンスをご存じでしょう？　ホモサピエンスはヒューマノイドです。あなた方が最初の人類、「原人」と考えているものです。

彼らが進化し続けていくことを知っていた地球外生命体は、宇宙でしてきたことを地球でも行ったのです。つまり、初期の人類の遺伝子にウイルスを植え付け、パンデミックを引き起こしたのです。

毛で覆われた大きなアナログの体は完璧ではありませんでした。広い顔、大きな顎や歯、太い関節、強い骨格を持ち、雪男と呼ばれるような様々な種族が、凍てつくような大地や熱帯地方などの、特に川、湖、海周辺を中心に住んでいました。

アナログ人類の大きな種族と小さな種族は次第に共生するようになり、DNAも融合していきました。

時の経過に従い、更に様々な種族の間でDNAの融合が進み、世代から世代へと変化していく中、ヒューマノイドは現在の人類に類似したものへと変化しました。地球外生命体が人類のDNA、RNAに植え付けたウイルスは、人類の中で種から種へ、世代から世代へと受け継がれていきました。

その後、人類はより完璧な姿へと進化し、空を見る、つまり神を見るようになり、自分の目で見たものを洞窟に描くようになりました。イベリア半島のアルタミラ遺跡は洞窟画で知られていますが、アフリカの原住民、オーストラリアやニュージーランドのアボリジニなども、実際に見たものを表現しました。

彼らは太陽、月、石などを崇拝するようになり、そこに邪悪な地球外生命体が戻ってきて、未来、人類が彼らを神々として崇拝するように仕向けました。

やがて誕生したローマ、ギリシャ、メソポタミア、エジプト、中南米などの文明においても、宗教的契約を人々のＤＮＡに挿入し、後の人類をコントロールできるように種を植え付けました。

当時の壁画などにしばしば異星人や彼らの乗り物が描かれていることがありますが、それは人類に良くも悪くも干渉していた地球外生命体を表しています。

時の経過の中で、同じ地球外生命体、もしくは仲間の地球外生命体が地球にやってきては、人類に対し遺伝子実験を続けました。近年、特に１９３０年代から６０年代にかけて、地球には多くの地球外生命体がやってきました。

何のためでしょう？　人類を彼らの宇宙船や惑星に連れていき、様々な実験を行うためです。実際、アメリカ、カナダ、ロシアなどで多くの人々が消息を断ったことが報告されています。人間と同じ遺伝的特徴を備えたコピーを作るために利用されました。

大半の人々は地球に戻されたようですが、その多くは都市ではなく、アマゾン川流域など中南米の辺鄙《へんぴ》な場所やアメリカ、ロシアなど大陸の何もないところに、記憶を失った状態で放置されました。

そのため、ジャングルなど運が良ければ木の実などで命を長らえた人もいますが、砂漠のようなところに放置され、飢えや渇きなどで命を落とした人も少なくありません。

そのように地球外生命体は今日まで人類を扱ってきました。

近年では、地球外生命体と人のハイブリッドの問題があります。彼らはその胎児を奪い、人類の起源を知るために利用しています。

人類、各民族はどこに由来するのか、人類の目的とは何か、今の人類をコントロールするために、いつどのように入り込んだら良いのかなどを知るために、胎児の持つ宇宙やクリエーターに由来する霊的物質を通して、多くの人類の起源を調査したいのです。

地球人女性との間に誕生したハイブリッドの子供は、人の神聖なエネルギーを持つと同時に地球外生命体の種を持つことになります。ハイブリッドを宇宙に連れ帰り更なる調査、研究の対象として利用したり、人類にとって未発見の太陽系惑星の調査のため、地球でも利用しているでしょう。

そこには地球人類と似ている人類も住んでいます。地球人類と太陽系内外のヒューマノイド、人類の間には、遺伝的類似性が存在するからです。

どうして地球外生命体は人の胎児ではなく、ハイブリッドを利用するのでしょうか。彼らの惑星と地球では大気やガスの状態が全く異なります。酸素のない惑星もあります。そのためハイブリッドが持つ環境適応能力が必要なのです。

では彼らはハイブリッドの中に何を探究しているのでしょうか。

光の船やアシュターシェラン（＊P198参照）のような偉大な神々や存在は、邪悪な地球外生命体が彼らの電磁場に近づくことを決して許すことはありません。光の存在は宇宙や地球に無数の船を持ち、彼らの侵入を防いでいます。

そのため、彼らは宇宙の源に繋がるような神聖な情報を入手することができないでいます。彼らには人類よりはるかに進化したテクノロジーがありますが、自分たちにない神聖な情報やエネルギーを秘めている人類に対してコンプレックスを持っています。彼らはその霊的部分を求めて、ハイブリッドの胎児を使い、あらゆる情報を引き出そうとしているのです。

パンデミックは彼らが望んでいるもの、地球のコントロールを手に入れるために絶好の条件を提供しました。彼らは、パンデミックに乗じて人類側のコントロールシステムを確保するため、政治、経済、企業、テクノロジー、医療、娯楽など社会システムに関わるあらゆるものを利用しました。
あなた方を直接支配するのに最も良いツールは政治です。政治の背後にはアメリカ、カナダ、イスラエルなどの富裕層と共に、多くの地球外生命体が関わるSGS（闇の秘密政府）が存在しています。彼らは人ではありません。人の知識を持つ地球外生命体です。

地球外生命体のプロジェクトは、人類が行うような明日とか数十年で終えるようなものではありません。彼らのプロジェクトは1000年、2000年、1万年、2万年とかけて行うものです。

彼らの目的は、地球人類や彼らが望むあらゆる惑星を支配、コントロールすることにあります。それがネガティブな地球外生命体の知性です。

物事はそのように進んでいます。パンデミックを起こしたり、殺したりすること自体は目的ではありません。
ですから、今あなた方自身が変わらなければ、パンデミックが終息しても、このコントロールから抜け出すことはないでしょう。

＊コマンド・アシュターシェラン…ミゲル大天使の分身と言える存在で、ケンタウルス

座アルファァ星（トリマン）出身です。現在、無数の光の船隊や奉仕者と共に、銀河系全体のアセンションのプロジェクトに従い指揮を取っています。コマンダー・アシュターシェランと協力している全てのコマンダーを含む大きなグループがコマンド・アシュターシェランです。

太陽系もその形成時から守護してきました。現在、太陽系のアセンションをめぐり光と闇の戦いが激化する中、地球では聖白色同胞団などと協力して行動しています。

Section 24 パンデミック宇宙史

ここには大きな光のポータルがあります。地球の兄弟よ、私たちは日本アルプスのあるゾーンにいます。ここでは私たちも手で空に触れることができます。あなた方も手で空に触れることができます。

手で空に触れるとはどういうことでしょうか。法則の世界、宇宙から降り注いでくる神聖なエネルギー、情報に触れ、あなた方の肉体、メンタル、マインド、スピリットを滋養し、細胞の記憶を変えることを意味します。

あなた方の社会では、パンデミックやコロナについて色々なことを言っていますが、本当はあなた方が考えるようなものではありません。

パンデミックは母なる地球に衰退をもたらすためにやってきました。分離、進化、変化、アセンションをもたらすためにやってきました。どうして私たちは矛盾して見えるようなことを言うのでしょうか。

　見方を変えれば、パンデミックは古いプロジェクトを支えている地球のシステムを崩壊させるためにやってきたからです。そのプロジェクトは古びたもので、そのサイクルは終わったのです。どんなものにもサイクル、時代があります。

　今は新しい時代です。新しい時代はパンデミックの時代です。大切なのは、どのようにこのパンデミックの時代を生きていくかを学ぶことです。自己コントロールを身につけ、人を尊重し、自他を感染させないように気をつけることです。

　そのように考えるにつれて、あなた方の意識は高まります。自分のことだけを考えるのをやめて、人のことも考えるからです。今までの４０年～６０年間は自分だけを考える時代でした。人はどうでも良かったのです。

　現在、人も自分と同じように健やかであるよう考えるチャンスがやってきました。しかし、実際、地球で起こっていることは全て反対です。自分のことだけを考え、人はどうでも良い、そのように進んでいます。

　それは何を生み出すでしょうか。人類の間の分裂です。どこにその分裂があるのでしょうか。マインドの部分です。ワクチンによるものです。ワクチンは人々のマインド、メンタルにおいて、分裂をもたらしました。接種する人としない人の分裂です。

人々が分裂していけば、他人のことを考えアドバイスしたり、何かしてあげるということができなくなり、自分を守るしかなくなります。

今は自分を見て自分のエネルギーを再構築、立て直す時代です。方法は何でも良いのです。肉体、細胞の記憶、液体システム、マインド、メンタルを変え、高め、霊的部分、つまり霊的法則、神聖なエネルギーの世界に到達することが、地球における進化、アセンションのために必要です。

コロナウイルス、ワクチン、全てが悪いわけではありません。良いこともあります。これを一つのチャンスとして、あなた方は自分に専念し始めることができるからです。それはエゴイストではありません。

自分に専念するとは、自分の健康に気をつけるだけではありません。**自分を知ろうとすること**です。人は肉と骨だけではなく、エネルギーの部分、霊的部分も持っていることを知ることです。

ここにあなた方が知らない重要なテーマがあります。パンデミックは地球だけの問題ではありません。宇宙でもパンデミックが存在しました。パンデミックを通して、平和で善良な種族を絶滅させてきたのです。

今日は地球のパンデミックに繋がる宇宙におけるパンデミックについてお伝えしま

しょう。

今でも続いていますが、特に1930年代から50年、60年、70年代にかけて多くの人が地球外生命体に誘拐されました。大半の人は記憶を消されて地球に帰されました。あなた方はミステリー事件として捉えているようですが、ここに今回のパンデミックを理解する鍵が隠されているのです。

宇宙では、ウイルスを利用して相手を抹殺するテクノロジーは、地球時間にして何千万、何百万年もの昔から使われていました。アヌンナキなどのレプティリアン、インセクトイド、ドラコニアン、ヒューマノイドなどの邪悪な科学者は、すでに多くの遺伝子操作を行使していました。

遺伝子実験を重ねながら、彼らは他種族に感染を引き起こすウイルスを開発してきました。あなた方がパンデミックと呼ぶものです。

ではどのような形でウイルスを使用したのでしょうか。近年、目的こそ違いますが、地球人類に対してしているように、ターゲットとする惑星の住民の一部を誘拐し、自分の惑星に連れ帰り、彼らの遺伝子にウイルスを植え付けたのです。

破壊、殺戮《さつりく》を目的とするメモリー（チップ）を持ったロボットウイルスです。自然に生まれたウイルスにはメモリーはありません。

ウイルスを植え付けられた住民は記憶を消された後、元の惑星に戻されました。彼らから周りの住民に感染が広がり、多くの者が命を失うことになりました。

しかし彼らにも抗体があり、特にレプティリアン、インセクトイド、ドラコ系の種族の抗体は強力でした。時と共に彼らも、自らの抗体を強化するテクノロジーを開発し、征服のターゲットとなった惑星の多くの種族は絶滅を免れることができました。

地球に来た最初のコントロールの神々は、当時の人類にセットされていた神知識と繋がる超人的潜在能力を奪うために遺伝子操作をし、作り変えました。その後、様々な地球外生命体が地球を訪れ、人類は更なる遺伝子操作を受けることになりました。

そのプロセスにおいて、人類のコントロールを望んだ存在たちは、宇宙で別の種族に使ったパンデミックのウイルスを、あなた方のＤＮＡ、ＲＮＡに挿入したのです。

そのため人類にはＤＮＡ、ＲＮＡの中にパンデミックの種が潜在しているのです。当初の人類は、免疫という意味において弱かったので、そのウイルスはパンデミックが始まった２０２０年まで存続することになりました。

では、当時どのような形でウイルスをあなた方の遺伝子に挿入したか想像できるでしょうか。「契約」です。アセンションに向かうためには、過去の契約からの解放が必要と言ってきたのも、ここに起源があるのです。

契約とはどういう意味でしょうか。宗教と関係しています。昔から宗教や魔術に関する本や民話、現在はアニメに至るまで、宗教の裏にいるような存在を様々な姿で表現しているものが沢山ありますね。

そのように、物事の真実はいたるところに見つけるチャンスがあるのですが、あなた方は論理的に捉えているので、潜在意識にある情報と繋げることができないでいます。

宗教上の契約は、宇宙で利用したパンデミックタイプのウイルスを保管していたレプティリアン、インセクトイド、ドラコなど邪神系の地球外生命体と大変関係しています。

人類は、宗教権威に対して服従するという契約の下、エネルギーを介し、パンデミックのウイルスを受け取ってきたのです。２０００年、３０００年、５０００年、１万年、２万年昔のことです。

そのため、今の人類は遺伝的に契約を背負っているのです。当時あなた方は血液を通して契約を結びました。それはＤＮＡ、ＲＮＡと関わっていることを意味します。

中南米諸国は、日本も含め、動物や人を提供して神々と契約を結びました。それは血を通して契約することを意味します。

神々を喜ばせるために、人の血液、もしくは中南米で行っていたように、生け贄《にえ》として生身の人間を提供した瞬間から、神々は血液を利用しウイルスを挿入するなど、人類全体の血液に影響を及ぼすことができたのです。

彼らは物質的に触れる必要はありません。現代も同じです。あなた方がある宗教と契約を結べば、特定の時空に縛られることになります。契約を象徴するものや像、紙、思いなどを通して、契約はその背後に君臨する神に届きます。

その瞬間、あなた方は自分のアイデンティティを失い、邪神のアイデンティティがあなた方のアイデンティティをコントロールするようになります。邪神のエネルギーが、あなた方のDNA、RNA、あなた方のガイド、守護霊、先祖といった霊的家族に入り、全てをコントロールするようになるからです。

家族の誰かがそのようなことをすれば、時には家族全体に影響することもあるのです。パンデミックはそこから、つまり遺伝子実験をしてきた地球外生命体や宗教に対する過去の服従の契約から発生しているのです。

コロナウイルスはラボラトリーで作られたものですが、あなた方の遺伝子の中に眠っていたそれらのウイルスを再活性化させたのです。

つまりコロナウイルスとあなた方の血液、DNA、RNAに眠っていたウイルスのエネルギーの接近です。どちらもラボラトリーで作られたものです。

一方、遺伝子ワクチンのナノテクノロジーは、地球外生命体により、何百万、何十万年昔にオリオン、シリウス、プレアデス、カペラ、リゲルなど、強制収容惑星、奴隷制の惑星などで使われたものです。

ですからワクチンを打ち、ワクチンの液体があなた方のDNA、RNAに届けば、それは一層コントロールを強化していくことになります。

人類はあらゆる縛りからの解放に向かって進化すべき時期なのですが、このような過去を背負っており、この21世紀において、パンデミックはその過去の意識を呼び起こしています。

そのためパンデミックは多くの人々の理性を失わせ、パニックを引き起こしたのです。自然発生のインフルエンザとの違いです。

地球外生命体は基本的に目的が同じであれば、種が違っても戦いません。彼らは共存、共生することを知っています。外見やテクノロジーが異なっても、同じ目的、プロジェクトを達成するためには結束します。

あなた方はパンデミックを終息させるという同じ目的があっても、バラバラになります。それでは人類という種は、互いを結束させる感情やエモーションがない、互いの間に愛情がないことになります。

あなた方の政府や社会システムは、そのアンバランス、意識の分裂を利用します。あなた方をコントロールするためです。

そういう人類社会の弱点を喜んでいるのが地球外生命体です。契約を通してあなた方の遺伝子にパンデミックウイルスを植え付けたのと同じ存在です。

地球外生命体は再び地球に戻り遺伝子実験を再開し、あなた方をコントロールし続けることを望んでいます。それは人類の時代が終わりを告げつつあることを意味します。

地球が進化し、アセンションするプロジェクトはどこに行ったのでしょうか。あなた方は動かなくてはなりません。

地球で光を求める人が少なくても、光の船や大きな存在や神々は、地球外生命体を遠ざけるために電磁波エネルギーを放射し、彼らのレベルで仕事を進めています。地球外生命体のコントロールを阻止するためです。

ここで言う電磁波は、あなた方のテクノロジーの放射する電磁波エネルギーではありません。５０光年、１００光年とかいった遠いところから一瞬でやってくる地球外生命体の目をくらますために使用する光の電磁波フラッシュのことです。

それにより、地球外生命体は地上に何が存在するのか識別することができず、あなた方の存在を知っていても、到達することができないでいます。

アシュター・シェランの光の船隊は宇宙の状況を監視し、地球外生命体の侵入を阻止するためにニュートラルゾーンを作っています。この神聖なエネルギーに対して、地球外生命体は何もすることができません。

そのように光の神々、光の船隊は戦うことなく、地球を地球外生命体からの攻撃や侵入から守っているのです。

いくら努力しても地球はどんどん悪くなっているではないかと言う人がいますが、それは間違っています。あなた方は光の船隊がしていることから、どれほどの恩恵を受けているのか知らないだけです。

光を求める人が増えれば増えるほど、光の力は強大になります。光を信じて下さい。自分を信じて下さい。人類という種の救済を信じて下さい。

あなた方は今人類です。自分たちがどの惑星から来たかは重要ではありません。今ここで人として存在しています。この事実が重要です。何が起こっても人として生きていかなくてはなりません。互いに助け合って生きていくことです。

あなた方が団結し、強いエネルギーを得ることができた時、パンデミックは消滅するでしょう。

日本とカナダの間で植物由来のワクチンを作っているから安心だということもありません。それも役に立ちません。パンデミックから母なる地球を助ける唯一のものはあなた方自身です。

今の人類は唯物的で、肉体も日常的に霊的エネルギーを下げる化学物質、テクノロジーやテクノロジーの放射する電磁波、集合意識に汚れ、スピリチュアリティを失っています。それでは人類は、テクノロジーが生み出すいかなるタイプのパンデミックに対しても弱くなります。

人類には、霊的、メンタル、マインドレベルで、パンデミックのプログラムを解除をするための力が備わっています。それは人類が、地球と宇宙を創造した神々の一部であるという特性です。

人類がその偉大なエネルギーを使ったことはありませんが、その可能性を秘めています。神々やそのエネルギーと繋がるためにはスピリチュアリティが必要です。

ここにテクノロジーを使うことなく、パンデミックを終焉に導く大きな解決法があります。細胞、神経システム、脳のパルス、メンタル、マインド、血液、DNAの波動を高めることです。人類が進化すれば、高いエネルギーのみと共鳴し、パンデミックの低いエネルギーとは共鳴しなくなります。

現在、最低80％の人類はアセンションしていなければならない時です。でもアセンションしていません。アセンションどころか、地球には結束がなく、沢山の争い、戦いがあります。どうしてなのか分かるでしょうか。

ペガサス、プレアデスM45、シリウス、リラ、ベガ、カペラ、リゲル、オリオンなどのネガティブな存在は、人類がアセンションしないように団結し、地球や太陽系内外の諸惑星の人類を所有するチャンスを狙っています。

ネガティブな存在とは光から拒絶された存在です。光から拒絶された地球外生命体には霊的境界が敷かれ、各星系のメインゾーンから追放されました。そのため、彼らはできるだけ多くの惑星をコントロールし、宇宙全体のアセンションのプロジェクトを妨げようとしているのです。地球もその一つです。

地球人類の中にもそれらの星や惑星の子孫がいます。少なからぬ人々がそれらの惑星に自分の粒子（過去自分だったもの）を持っています。地球に人間として誕生しても、光から拒絶された惑星に種を持っていれば、潜在的に彼らの思いに繋がり操られやすくなります。

どんな人々でしょうか。特に科学、政治、医療、裁判に関わる人々、宗教や大企業の幹部などに色々含まれているでしょう。

人は権力を持てば優越感や傲慢さが刺激されるものです。それは過去のメモリー、潜在意識、マインドを目覚めさせ、ネガティブな存在との繋がりを強化します。

彼らの粒子や光に拒絶された者たちの基地は、地球のSGS（闇の秘密政府）内にあります。SGSの背後には地球外生命体が存在し、前面には政治家がいて、政治、経済、医療、テクノロジーをコントロールしています。

パンデミックは宇宙レベルのコントロールマトリックスの一環です。しかし、パンデミックはコントロールマトリックスを抜け出し、進化に向かう絶好のチャンスに変えることもできるのです。

Section 25 ヒットラーの時代から始まっていたウイルス研究

お伝えしてきましたように、地球外生命体ははるか昔から現代に至るまで、遺伝子研究を進めてきました。長い間彼らの間で進められてきた遺伝子実験も、地球に人類が誕生してからその矛先は、人類に対しても向けられてきました。

地球においても、彼らはパンデミックの原因となるウイルスを次々に収集し、地球にはない素材の容器に入れ、地下の次元間にある秘密基地に保管してきました。

時の経過の中で、別の地球外生命体がそれらを発見したり、次の時代に来た地球外生命体にその秘密を移譲したりし、やがて人の手に渡る時が来ました。

それ以前にもあったかもしれませんが、私たちの知る限りでは、最初にその秘密基地に触れたのはドイツ人でした。ヒットラーの時代です。

彼はヨーロッパ諸国の当時の独裁者と共に、内部地球の秘密基地に隠されていたウイルスバンクに到達し、ウイルスを入手することに成功しました。彼はそれを軍事目的、科学目的で利用しようとしました。

アメリカより早く月に到達したロシア（旧ソ連）も、地下深くの次元間世界にある地球外生命体の秘密基地に関する情報を入手し、ウイルスバンクを手に入れました。おそらく、ロシアも秘密基地を持っていることでしょう。

第二次世界大戦ではロシアの前身、ソ連はドイツ、イタリアの敵国でしたが、科学者の間では密約を結び、ウイルス研究において協力していました。ドイツは南極に秘密基地「ライチ4」を保有し、そこで人類に衝撃を与えるようなウイルスを保管し、先端科学、先端テクノロジーの極秘研究を進めていました。

ドイツは第二次世界大戦で敗北しましたが、強制収容所の次に、人類に対してウイルスを使用する計画があったのです。地球外生命体がしてきたように武器なしに戦おうとしたのですが敗戦し、それは不可能になりました。そのためウイルスはそのまま秘密基地に残ることになりました。

その後、地球外生命体のテクノロジーと経験をもとに、ロシア、ドイツ、イスラエル、イラン、イラクなどといったアラブ諸国やインドの科学者が参加し、ウイルス研究にあたりました。感染症に繋がる様々なウイルスです。

感染症はターゲットとする国々を弱体化させるには有効な手段です。今回それが様々な理由で中国の手に渡ることになりました。中国も地球外生命体のテクノロジーを入手し、このタイプのウイルスに関してヨーロッパなど様々な国と共同研究を行っていました。

これらのウイルスは昔から研究所で培養されてきました。普通のウイルスではありません。一般のウイルスにナノテクノロジーを応用しロボット化したものです。ドイツ、ロシアなど、前述の国々の科学者の間で、未来に備えてウイルスに関する知識を共有していました。その中で彼らに驚きを与えたのが中国でした。中国からウイルスが人類に対して放たれたからです。

そのように、今回のコロナウイルスの土台は、太古の昔、地球外生命体が遺伝子実験やパンデミックに使用したものに由来しています。

良くも悪くも、そのウイルスは世界を変えるための一つのきっかけとなりました。中国、ロシア、イスラエル、アメリカは、ウイルスが世界のバランスを崩し、カオスをもたらすだろうと考えました。

闇の秘密政府「SGS」、これは普通の人ではありません。半分、地球外生命体であり、半分ヒューマンというよりヒューマノイドです。そこに世界経済を牛耳るアメリカ人、ロシア人、イスラエル人、アラブ人が混ざっています。

彼らは誰も知らない秘密基地にいます。中国はおそらくその基地にアクセスし、色々調査、研究したのでしょう。

そのプロセスでウイルスが外に放たれ、中国はコウモリなどの動物に責任転嫁をしようとしましたが、そうではありません。

どうして様々なタイプのコロナウイルスがあるのか分かるでしょうか。ロシア、中国、イスラエル、アメリカ、ドイツといった各国のテクノロジーが混ざっているからです。

そのためウイルスの質も様々で、あるものは弱く、あるものは強く、あるものは寒さの中で力を発揮したり、暑さの中でもよく機能したりしたのです。

中国から始まったパンデミックは世界中に広がっていきましたが、中国からだけではありません。イタリア、アメリカ、イスラエルなど多くの国で同時展開しました。それは以前からSGSにより世界を変えるために決定されていたプロジェクトでした。

世界を変えるのが目的でしたが、副次的に世界経済に打撃を与えることになりました。そこで世界経済を維持するためには中和抗体を提供しなくてはなりませんでした。それがワクチンです。ワクチンは別の地球外生命体のテクノロジーです。

ワクチンは肉体、エモーション、霊的レベルなど、あらゆるレベルで血液を汚し、人はテクノロジーにより縛られることになり、時空に閉じ込められ自由を失っていきます。

ワクチンを打った人だけの問題ではありません。打たなかった人もそうです。特に繊細な人は、接種者の体内にあるワクチンのナノテクノロジーの部分が、ある期間マインド、メンタルなどに影響する可能性もあります。

でも心配しないで下さい。日々、食べ物、飲み物に気をつけ、瞑想、ヒーリングなど自分との取り組みを実践していれば、大丈夫でしょう。

現在、コロナウイルスが当初よりも進化し広がりを見せているにもかかわらず、各国の行動制限は事実上皆無となっています。

このように人類社会は、経済をあらゆるものに優先させて進む道を選択しましたが、それでもまもなく世界経済はリセッションに入っていくでしょう。

Section 26
ウイルス沈黙時——ポストコロナが意味するもの

ポストコロナについてですが、現在感染が終息しているように見えますが、ウイルスは人体の中にいます。人のDNAの中で進化しつつあります。あなた方のDNAは肉体人生、霊的人生、mRNAの土台となるものです。

人類の霊的進化にとってビッグチャンスとなるはずの時代に、ウイルスはワクチンの協力を得て人類の体を占領し、DNAを変化させ、接種を拒絶した人類とは異なるDNA、異なる人類にする道を選択しました。だからウイルスは落ち着いているのです。

ウイルスは人類を消滅させることはできなかったけれど、まずは、人々が感情、エモーションを使い、接種者と未接種者とに人々が分裂したことで目的の一部を果たし満足しています。

ウイルスはDNA、mRNAだけでなく、細胞、血液、リンパなど体全体のシステム、霊的システム、エネルギーシステム、エモーショナルシステムなどを変えるという仕事に専念しています。ワクチンはある期間ウイルスの発現を抑えているだけでなく、その仕事を助けてもいます。

そうなれば**今までの人類ではなくなり、ウイルスやワクチンのナノテクノロジーによりコントロールされた別のタイプの人類になるでしょう。**

もちろん様々な肉体的病気を引き起こす可能性もあります。あなた方の起源を変えることも可能です。それがウイルスが人々の体内でしている仕事です。

ポストコロナは、その意味でとても重要なテーマです。人々の体はもう二度と同じ体でなくなる、そのような可能性があるでしょう。

今まで神々により与えられた体を持っていました。これからはナノテクノロジーに従って進んでいく人工的な体を持った新人類となるかもしれません。アヌンナキ、グレイ、ショパッツなどの地球外生命体の地球における目的達成のために、彼らの命令に従って進む人類です。

今鎮まっているように見えますが、やがてその変化を起こすために働いているので、そう見えるだけです。おそらくまた感染拡大に向かうでしょう。今は静かに自分たち

の役割に専念しています。ワクチンによって沈静化しているわけではありません。

ウイルスは地球外生命体やワクチンのナノテクノロジーと共に、プロジェクト達成に向かって静かに働き続けています。ですから収まったなどと決して信じてはいけません。どんな瞬間にも爆発的な感染が起きる可能性があります。時限爆弾のようです。あなた方は緩み始め、パンデミックは変化したと思うかもしれませんが、変わったのは接種者の体です。物事のコンセプトを変え、違ったメンタル、違った物の見方を育てます。それを避けるためには、自分のコンセプト、自分の道、意識をしっかりと保つことです。

そうでなければ、人類はスピリチュアルレベルだけでなく、肉体、メンタル、マインド、エモーショナルレベルで分かれていくでしょう。血液、細胞、スピリチュアル、過去世など、あらゆるレベルにおいて変化していくでしょう。

ウイルスは人類の体内で進化し続け、彼らの仕事を成し遂げようとするでしょう。人類は経済を守るために、消滅したかのようにウイルスを無視して進もうとするかもしれません。

人々はパンデミックを通して何も学びませんでした。恐れに支配され、団結する代わりに同じ人類を差別し、恐ろしいほどのネガティブエネルギーを生み出しました。

それは人類社会のバランスを崩し、守りを弱め、邪悪な存在の侵入を助け、ネガティブなイベントを引き寄せることになります。

第二次世界大戦中、ヒットラーが率いるナチの軍隊がロシアに侵入しようとしましたが失敗したのを覚えているでしょうか。現在、昔のナチズムのイデオロギーを継ぐネオナチの動きがヨーロッパ諸国で広がっています。ロシアはその動きを強く警戒しています。

地球外生命体はこういった人類の動きを利用し、地球のアセンションを阻止するために為政者を動かし、地球に対する支配を更に強化しようとするでしょう。更に人類が周波数を下げるように促すでしょう。

そういったあらゆる動きから解放され前に向かって進み続けるためには、接種、未接種、感染、未感染に関係なく、あなた方ができる唯一のことは**意識を変える**ことです。

Section 27

宗教と霊能
——本物の神々と邪悪な地球外生命体との違いを知らないスピリチュアリズムの世界

今日は特に人類のスピリチュアリズムに大きく影響を及ぼしてきた宗教と霊能についてお伝えしましょう。

ずっとずっと昔に、神々と直接コンタクトを取っていたマスターたちがいました。人間ですがマスターのレベル、5次元以上のエネルギーまで到達した人々です。彼らが接していた神々の多くは、あなた方が火の神、山の神、守りの神などと呼んでいるものです。

それから何千年、何百年も経た今、そういう霊的エネルギーとの繋がりは絶えてしまいました。探求し続ける人がいなくなってしまったからです。

当時のマスターたちは、その繋がりをミスティシズム（＊P234参照）として外に漏れないように守りました。彼らが厳しい修行の中で得てきたものを宗教などに利用されないようにするためです。

彼らが繋がっていた本物の神々は、立派な御殿も贅沢な寺も必要としていません。最初のマスターたちの後に続いたマスターたちも、宗教に依存することなく、神聖な繋がりを維持してきました。

あなた方がエネルギーの世界を探求するきっかけとなったレイキの創始者、臼井先生もそうです。宗教に依存することなく神聖な炎を探し求めていました。彼は何年もエネルギーの世界、神々との繋がりを得るために霊的高まりを求めていました。そしてレイキを再発見するに至ったのです。

宗教には良いものもあります。大きな宗教ではありません。ただし、それは大きなところでは真摯《しんし》な人がいないということを意味しているのではありません。

大きな宗教組織では、あなた方が現在テレビで見ているように、政治、権力、お金との繋がりが根底に存在しています。宗教はお金を払い、政治は特別な条件を提供します。それが今日まで続いています。

時の流れの中で明るみに出る部分もありましたが、政治と宗教の間にはまだまだ汚いものが沢山存在し、多くのことが隠されています。

全てが白日の下に照らされれば、現在の与党は社会から消滅するでしょう。大きな宗教のコントロールと繋がっており、金銭授受を通して協力関係が存在しています。野党の一部もそうでしょう。

それは政治と宗教、権力者と富裕層との間の取り引きです。その間に立たされているのが国民ですが、何も知らないし知ろうともしていません。

このように、多くの宗教は汚れています。汚れれば、存在していた本物の神は降りてきません。不正、堕落、権力者を神のように見る意識、一般人に対する差別意識があるからです。

神はエネルギーであり、神意識であり、それは人のエゴの上に立たなくてはなりません。人、この場合僧侶ですが、神よりも人を重視すれば、神エネルギー、神意識はその寺に降りてきません。人が神の上に立てば、神の場所がないからです。

一方、中小の宗教には神意識が入ってきます。政治が神の部分に入り込んでいないからです。

お金や権力を行使する時、そこにいる神は本物の神ではないことを意味します。**動物の神、レプティリアン**です。日本、アジア、欧米のテンプルの大部分には、沢山のレプティリアンが神として存在しています。

レプティリアンの神々の仕事は何でしょうか。宗教と政治を通して人類をコントロールすることにあります。それらレプティリアンは何百万年、何千万年前から地球にいる古い存在です。

日本でも世界でも、文化を宗教に利用するテンプルがあります。文化は宗教と深く関わっていると教え、高い拝観料を取り立て、国民の文化遺産を寺の客寄せのための手段として利用しています。

本来、テンプルは神を感じたり知覚するために行くものです。その後でなら、文化財産を見て心の調和を図ることは良いでしょう。

文化は人の思考形態を高めるために役に立ちます。文化遺産を見ることにより、心が優しくなりメンタルエネルギーも高まります。でも中心は神意識になくてはなりません。

大きなテンプルにも、当初は高いレベルの本物の神々が存在していました。時を経る中、収賄、堕落、権力闘争があまりにもひどくなり、本物の神々は姿を消しました。神意識を引き寄せるような人がいなくなったからです。

神意識を引き寄せるのは人の意識です。肉体と微細身の中にある神聖なDNAを通して神に会いたいと思う、意識レベルの思いの力です。それが神々を引き寄せる秘訣です。

僧侶がいくら祈りを捧げてもコンタクトする意識がなければ、神々には届きません。祈るだけでは足りないのです。自分のしている祈りは神に届くという真剣な意識が必要です。

祈りが神に届かないのは、神と僧侶の間に壁があるからです。祈りは霊的な壁に跳ね返され、神が存在しても届きません。

そのため、亡くなった方々や人々を助けるために行う宗教的行事は、往々にして神には届いていません。つまり宗教で準備するお札や信者に対して、実際には神の息吹がかかっていないことになります。

どうしてそうなるのでしょう？　神意識に従っていないからです。

神意識とは何か分かるでしょうか。霊的世界では5次元まで形が存在します。6次元以上は、物質的なもの、形は存在しません。意識、エネルギーが存在します。

神の高さにもよりますが、あなた方がそこに到達する意識で行うのでなければ、祈っても何も変わりません。口にする言葉はこの時空、物質界に残ることになります。

そのようなテンプルは沢山あります。

今日どうしてこのようなことをお伝えしているのでしょうか。

神意識を求めるマスターに触れましたが、時代は彼らのような本物のスピリチュアリストを求めているからです。神聖なコンタクトを持っている人々です。

彼らは人を真に治癒させることができました。肉体だけでなく、マインド、メンタル、スピリチュアル次元においても治癒させることができました。コンタクトを持っており、自分の意識を神々の意識に繫ぎ、神聖なエネルギーを自分の体、オーラに受け取り、治療を行っていました。それが本当に神々と繫がっている人です。

どうして今日、神意識と繫がらない僧侶が多いのでしょうか。

現在も祈りなどを捧げていますが、往々にして自分の思いを入れています。神社や寺に属していれば信者がいます。その信者を導かなくてはなりません。一方接客や案内なども仕事の一つです。お金も必要です。

そのため俗事に意識が行き過ぎ、ミスティシズムの存在や神々は中々降りてきません。自分の感情やエモーションを混ぜれば、いくら祈っても神々は入ってきません。

もう一つ、神々が降りない理由があります。宗教界に存在する厳しい掟、人としての温かみに欠けているマチズム（男性中心主義）に基づいた掟です。

それでは、本物の治療を行う神々は降りてきません。厳しい掟は濃密なエネルギーを生むために、神々を引き寄せる慈愛のエネルギーを僧侶に見出すことはできないからです。

たとえ複数の僧侶が祈りを捧げる立派な宗教組織であったとしても、神々は降りません。重要なのは僧侶の数ではありません。僧侶の意識です。神々の意識と繋がることができる人の意識が必要です。

霊能についても同様のことが言えます。霊能に頼っている人は少なくありませんが、ここであなた方に断言しましょう。

多くの霊能者は、神もしくは神々とコンタクトを取っていません。有名な霊能者もホログラフィック意識を持っている人は少なくありません。もちろん自分では気付いていません。人生を間違わないためにも、物事の真実を知る必要があります。

有名無名関係なく、多くの霊能者は、過去世により昔から霊的次元において縛られています。おそらく過去も霊能力があったり、親や兄弟など近親者が霊能者だったりしたのでしょう。今世もそうかもしれません。

分かりやすく説明しましょう。

ある先祖が霊能において過去間違いを犯したり、光でない存在と契約を結んだとします。先祖は、随時誰かが投影するホログラムである映像を幻視し、自分の霊能力によるものと信じ、次第にそれを商売にするようになりました。誰かに操られているなど と死ぬまで疑うことはありませんでしたが、それは全てホログラムだったのです。

死後、その先祖は彼を操っていた存在の世界、ホログラフィック世界に住むことになります。その先祖だけでなく、血の中にある霊的メモリーにより、往々にして先祖の家族や子孫までが各人の死後、ホログラフィック世界に誘《いざな》われていくことになります。実際には存在しない世界です。

現在彼の子孫がこの世に生きているとすれば、子孫は先祖のホログラフィック世界を今の人生に引き寄せることになります。子孫はスピリットが見えると言います。それは良いでしょう。神々とコンタクトを取っていると言います。それも良いでしょう。ポータルを開きネガティブな霊的ゾーンを浄化するなど、霊的仕事をします。それも良いでしょう。

問題は、子孫が過去から受け継いだホログラフィック世界に住んでいないかということです。

子孫は神々と繋がり、光のポータルを通して、霊的ゾーンをきれいにしていると信じています。が、全てホログラムかもしれません。

結果として、彼の行為を通して様々な人を助けているかもしれませんが、その助けの背後には誰がいるのでしょうか。誰も知りません。

ショパッツなどの地球外生命体かもしれません。彼らは簡単に神や光の存在に姿を変え、好きなように霊能の開いている人を操ることができます。

もちろん全ての霊能者がそうだと言っているのでは全くありません。ただ多くの霊能者が先祖もしくは自分自身が、お金や権力のために、過去世で霊的間違いを犯したり霊的契約を結んだことがあり、その重みを受け継いでいるということです。

彼らは自分が真実だと信じているホログラムの世界に住んでいます。素晴らしい仕事をしている人々もいるようですが、私たちのような存在から見て、それは真実か、どうしてそのようなことが可能なのか、高い次元に住んでいる存在とコンタクトを取るのはそれほど簡単なことなのか、肉体を持つ人間がそれほど高いレベルに到達することは可能なのか、そういう疑問をあなた方人類に対して投げかけておきましょう。

どうして過去、多くの霊能者が火あぶりに処せられたのでしょうか。当時の人類の頭は非常に固かったのです。隠れた力にコンタクトできる人々がいることが理解できませんでした。だから虐待したり火あぶりの刑に処したのです。

現在は反対です。今の人はあまりにも簡単に信じます。一旦信じればどんな代償でも払います。霊能者には、霊能に魅せられたクライアントの意識や心をコントロールする力があります。

人が霊能者により縛られれば、霊能者だけでなく、霊能者と共に働いている存在にコントロールされることになります。それが怖いことです。

霊能者のところに相談に通っていたクライアントが亡くなれば、存在はその魂を回収しに来るでしょう。同様に、その霊能者が肉体人生を終えれば存在は魂を回収し、クライアントの魂と共にホログラフィック世界に収容し、自分のコントロール下に置くでしょう。

その魂が地球や別の惑星に肉体を持って誕生すれば、コントロール下に置かれた状態で、同じ仕事を続けていくでしょう。

ですから、霊能の世界は「この人すごい力があるわ。すごく高いけど」「あの霊能者はいい人だわ。無料で見てくれるし」などと、簡単に言えるものではありません。

あなた方は、見えない世界でどんなことが行われているか知らないでしょう？

往々にして無料でも霊能者の背後にいる存在の仕事は、アストラル界にファンを集めることにあり、その数は多ければ多いほど良いのです。苦しみなど霊能者に頼ってくる人々のネガティブエネルギーで肥えていく存在だからです。

ですから霊能について語る時、十分気をつけて下さい。多くの霊能者はあなた方の世界において信頼されています。沢山の本を出している人もいます。

彼らの多くは自分の背後に誰が存在しているのか知っていません。知らないと言うより知覚していません。霊能者は自分の霊能力を信じているので、自分が見るもの、来るもの全てを信じます。前述しましたように、過去からそのエネルギーを持って誕生したからです。

インターネット、テクノロジーでもって仕事をすれば、神意識とはほど遠くなっていきます。僧侶でも霊能者でも、テクノロジーなくしてどう生きていいか分からない人もいます。霊的世界にはそのようなものは存在しません。それは人と地球外生命体が作り出したものです。

霊的に高い地球外生命体、つまり神々はあなた方のようなテクノロジーは使いません。ご存じのように全て意識で行います。それこそ邪悪な存在が光の存在を恐れる所以です。彼らには光の存在のように意識を使う能力はありません。

光の存在にはセンサーすら必要ありません。彼ら自身がセンサーだからです。彼らは武器を使いません。彼ら自身が武器だからです。邪悪な存在が光の船を捕獲しようとしても、悪い船を意識でブロックすることができます。

エネルギーの壁を作り、誰も近づくことはできません。万が一打ち破ろうとすれば瞬時に破壊され、邪悪なものは消滅するでしょう。それが光の存在、本物の神々の力です。

多くの僧侶や霊能者には神力を理解し、神々とコミュニケーションを取る力がありません。そのため時空の中に遅れていきます。20年、30年、40年昔の時空に住んでいます。

この大変化の時代に法則についていくことができなければ、メンタルが若くても、意識が熟していたとしても、どのようにして人々を道案内するのでしょうか。

霊能者もこの神意識を受け取らなければ、クライアントに対しても確実な仕事はできないでしょう。

霊能者はスピリットや物事を霊視するから高額を受け取らなくてはならない、そのような図式を受け入れる必要はありません。重要なのは霊能者が神意識に繋がっていることです。それが仕事で間違えないために最も重要な点です。

霊能者は地球の様々なパラレル現実界、パラレルワールドと繋がっています。宇宙ではありません。彼らがどこまで入っていくのかは分かりません。3次元、4次元、5次元どこまで繋がっているのか分かりません。

そのように私たちはあなた方の世界を見て感じています。

もちろん素晴らしい僧侶も霊能者もいることでしょう。私たちの仕事は、僧侶のしていること、霊能者のすることを褒めることでもけなすことでもありません。**全てを法則の下にさらけ出し、人々にお伝えすることです。法則に従ったスピリチュアリズム、間違ったスピリチュアリズムとその危険性を教えることにあります。**

今あなた方一人一人は、物質界、霊的世界の双方において、重要な岐路に立たされているからです。後戻りのできない岐路です。

＊ミスティシズム…ここでは神秘教と訳しています。神々、光の存在と繋がり、スピリチュアル、メンタル、肉体レベルで人々を治癒したり、人生を前に向かって進んでいく中現れる様々な問題の解決を助けるための秘技。シャーマニズム、陰陽師、密教などもミスティシズムと言えるでしょう。日本では霊的医師団や仏像などムーやレムリア出身の存在もミスティシズムの中で働くためにスタンドバイしています。

Section 28
レスキューオペレーションと地球の未来
――消えたインディゴチルドレンとホログラフィック惑星と化す地球

母なる地球の兄弟たちよ。今日は母なる地球の救出活動「レスキューオペレーション」についてのお伝えです。

宗教などの精神世界で、子供は生まれる前に両親を選ぶと言われてきましたが、実際は、全ての子供が親を選んで誕生してきたのではありません。

特に今から60年から80年前、霊的変化があり、その時代に多くの子供のスピリットが宇宙からやってきました。スターたちが誕生した時代です。

彼らは地球に誕生したかったから来たのですが、肉体、メンタル、マインド、スピリチュアルレベルで地球とうまく融合する準備が十分にできていませんでした。子供たちは子供を待ち望む子宮を探しました。誰でも良かったのです。

女性は、子宮から放たれるエネルギーを通して地球と宇宙の霊的世界と繋がってい

ます。子宮を地球との繋がりだけに限定している人もいますが、それは間違いです。宇宙とも繋がっています。

子宮の形をイメージして下さい。宇宙に向けて開き、宇宙、地球、霊的エネルギーを引き寄せています。子宮にはそういう精妙なエネルギーを引き寄せる性質があります。

60年、80年前に宇宙の子供が肉体を持って誕生しました。どんなことがあっても生まれたかったのです。子宮が放射する波動に従って、彼らは地球に誕生しました。しかし、それらの子供は皆が適切な家族に生まれたわけではありませんでした。ただ生まれたかったのです。体験してみたかったのです。宇宙とは違うエネルギーで振動してみたかったのです。

それは何を意味するのでしょうか。しばしば彼らとは全く違う性質の父親や母親の下に生まれ、霊的、エネルギー、メンタル、マインド、肉体レベルで様々な問題が生じ、つらい人生を送ることになりました。

それは子供が親を選択して生まれるという理論は必ずしも事実でないことを意味します。両親は子供が誕生するために機能しただけです。

一方、自分と似ている母親を見つけた子供は、地球に適応するために様々な困難があったとしても、幸せな人生をスタートさせることができました。普通の子供とは違っても、深い愛情と理解の中で育てられました。両親も宇宙と繋がる何かを持っていたからです。

これはレスキューオペレーションとは何かということをお伝えするための話です。このように地球には、地球のメンタルを持つ親、宇宙のメンタルを持つ親の下に生まれた宇宙の子供が沢山います。

レスキューオペレーションの一つとして、「地軸の傾き」が存在します。地軸が変化するにつれて、高い宇宙からの電磁波エネルギー、磁気エネルギーをどんどん引き寄せていきます。

やがて人類は意識的、無意識的に今まで受け取っていたものとは全く違うコズミックエネルギーを受け取るようになるでしょう。

コズミックエネルギーは、まず宇宙とコミュニケーションを直接取る種を持っている人々を目覚めさせていきます。アセンション、進化があるためには、宇宙、法則、スピリチュアリティに対してシャーマトリナが開かれていることが条件です。そのために高いメンタル、体、コズミックエネルギーを受け取る器を準備することが大切です。

テクノロジー、スマホ、情報、ニュース、政治、コントロールの社会システムに従い、普通の生活を送っていては、あなた方のDNAやRNAに内在する宇宙の回路、眉間、シャーマトリナを開くことはできません。

コズミックエネルギーはすでに大量に降り注いでいます。もっと大量に放射するために、宇宙に大きなスペースを開くことになっています。すでに始まっていますが、これから2024年にかけて更に大きく開かれるでしょう。

これもレスキューオペレーションです。宇宙からの電磁波エネルギー、磁気エネルギーが強烈になるに従い、繊細な人は気付くかもしれません。

コズミックエネルギーはあなた方の肉体だけでなく、内側の世界であるメンタル、マインド、スピリチュアリティに触れ、あなた方のエネルギーを目覚めさせていきます。


一昔前、インディゴチルドレン、ダイヤモンドチルドレンなどと呼んでいた時代がありましたね。最近誰も言わなくなりましたが、そういう子供は存在します。

インディゴチルドレンは天使、大天使の意識を持った子供たちです。宇宙の子供たちの中にはそういう宇宙のDNAを持った子供たちもいました。

現在、彼らの多くは道を見失い汚れています。唯物的な両親の間に生まれたからです。そのため親は彼らの資質が理解できません。子供が他の子供と違うメンタル、行動形態を取れば、社会から受け入れられません。年不相応な知恵を持つ子供もいます。
地球は一般的なメンタルやエネルギーで振動しています。インディゴチルドレンなど宇宙の子供は、一般の人々よりはるかに強化されたDNAやRNAを所有しています。人類社会の中では本当にかわいそうな存在です。彼らが求めている霊的な理解を見つけることができません。

彼らは人類が変わるように指導するために、先生として地球へ来たのです。子供たちが目的を果たすためには、彼らを理解し、彼らの持つマインド、メンタル、スピリチュアル能力を引き出し、あなた方に教えることができるように育てる人が必要です。
しかし、物事は全く異なった形で進みました。両親の方にそういう子供を持つ準備ができていなかったからです。

宇宙の子供たちは地球に生まれたかったので、何らかの繋がりがあった女性の子宮を誕生のために利用しました。でも、自分たちのプロジェクトを遂行するために誕生を急いだので罠にはまり、その多くは高いメンタル、マインドの力を持ちながらも、母なる地球では何も実現することなく普通の人生を送ることになりました。

お伝えしているように、これから先、宇宙の電磁波エネルギー、磁気エネルギーはぐんと増量していくでしょう。これらのエネルギーは何をするのでしょうか。

あなた方のＤＮＡやＲＮＡ、筋肉、リンパ、液体システム、メンタル、スピリチュアリティにエネルギーを与え強化します。

ある瞬間が訪れた時、そのエネルギーを肉体、メンタル、マインド、スピリットの中に持っている人は、準備ができていることを意味します。何のための準備でしょうか。

「麦と毒麦の分離」の決定的な瞬間、地球がアセンションする、しないに関わらず、レスキューオペレーションに値する人となるためです。

今の政治、社会システム、人々のメンタル、スピリチュアリティを見て下さい。人類は更に落ちていくでしょう。

あなた方人類のメンタルは弱いものです。どうしてでしょうか。メンタルを支えるエネルギー、霊的部分を養っていないからです。

形、肉眼で見えるものだけを信じています。人類が形だけを信じている間は、形の向こうにあるもの、エネルギーを見ようとしないでしょう。

恐ろしく強烈なテクノロジーで地球を覆うという人類のプロジェクトがあります。そのプロジェクトは、あなた方のメンタル、マインド、スピリチュアリティの崩壊を招き、母なる地球、そこに住む生きとし生けるもの、植物、動物、川、湖、海、田畑などあらゆるものを汚すでしょう。

しかし、それも続けることができなくなる時が来るでしょう。どうしてでしょう？

宇宙があなた方が持っているテクノロジーは何の役にも立たないことを教えるからです。テクノロジーは、皆が同じであるように、人を一定のメンタリティ、マインド、生き方に縛りつけ、常に何かに縛られ、何かにコントロールされるようにしています。

ここにレスキューオペレーションを妨げようとしている地球外生命体のネガティブ勢力の動きがあります。彼らはレスキューオペレーションの賛同者ではありません。母なる地球と人類を利用するために、あなた方を地球の中に閉じ込めたいと思っています。

そのため彼らはレスキューオペレーションを恐れています。それが始まれば居場所がなくなり、彼らにとって惑星を一つ失うことを意味するからです。

地球が強いコズミックエネルギーで振動し始めれば、地球外生命体の侵入を許さなくなるでしょう。地球内外にある地球外生命体の黒いポータルを全て閉じさせるでしょう。

ネガティブな地球外生命体は内部地球だけでなく、あなた方の頭上、地球の軌道上の次元間、亜空間にも基地を持っています。地球がアセンションする時、内部地球、地上、両極などに存在するあらゆるゴミを照らすでしょう。全てが裸になります。

あなた方の為政者は、人類が直面している問題の解決法を見つけることができません。頭が50年前、60年前の時代で振動しているからです。

頭は過去の経済を考えています。経済も社会システムも今の時代に従って進まなくてはなりません。現在必要としているものは沢山あります。

どのように国民に食料を供給し続けていくか。地球の砂漠化、気候変動などに備え、耕作地帯を作る、台風の多発や気温の乱高下から農作物を守る環境整備など、これから先一番主要なテーマとなるものを考えていません。

車や機械、テクノロジー、デジタル化、これらでは食べられません。あなた方には肉体があります。形、ライフスタイルを考えますが、人間を見ていません。食料がなければ肉体は死にます。

いつかアセンションを成し遂げれば、食べる必要がなくなるかもしれません。地球に降りてくる電磁波エネルギーは、変化した肉体を生かすあらゆる成分を内包しています。自然にそうなるのです。現在不食で生きている人々とは違います。

肉体、細胞、筋肉、血液、メンタル、マインド、スピリットが変化すれば、努力することなく自動的にエネルギーが入ってきて、肉体、微細身を滋養するようになります。

宇宙はあなた方が食なしに肉体を保ち続けるレベルを提供しようとしています。しかし、そのためには、肉体、メンタル、マインド、スピリットを完全に変える必要があります。それがアセンションです。

あなた方はアセンションをとても軽く考えているようですが、汚れた肉体、メンタル、スピリットでどこへアセンションするのでしょうか。どこの光の惑星があなた方を受け入れるのでしょうか。どこにもないでしょう。

全ての人類がアセンションする、そのために光の存在や神々が全力を尽くしていると言う人がいます。誰がそんなおとぎ話を信じるのでしょう？　自分で何もしないのに誰が何を与えるというのでしょう？

物質界の法則では与えて受け取ります。霊的法則でも与えて受け取ります。ただし霊的法則にはエゴは存在しません。霊的法則は与えて、与えて、与えます。そして受け取ります。与えるイコール受け取るという物質的法則ではありません。

霊的法則ではあなた方が与えれば、豊かさの磁気フィールド、エネルギーフィールドが開きます。それにより、あなた方にお返しがあります。

反対にあなた方が汚い言葉を吐いたとします。それに対してあなた方が受け取るものは、自分が作り出したものと同じものです。霊的法則とはそういうものです。アセンションと同じです。進化と同じです。あなた方が外に対して放ったもの、作ったものを支払う、もしくは受け取ることになります。言葉であろうが、行動であろうが、エネルギーであろうが同じです。

レスキューオペレーションは、地球の進化、アセンションにとって軸となるものです。あなた方を助けるために準備されている光の船が沢山あります。大変多くの数です。

アセンションした地球は、生きていくために別のエッセンス、別の新しいものを提供する新生地球です。エゴも分裂も存在しない世界です。

全部自分のものにしたい、飢餓で人が死ぬ一方、大金を享受する人がいる、こういうことも存在しなくなるでしょう。全てが同じ、一人にあるものは皆にある、それがアセンションです。

アセンションした地球にはネガティブな感情は存在しません。アセンションを遂げた他の惑星と同じです。無条件の愛の感情のみが存在します。

兄弟よ、地球はまだまだアセンションから遠いところにあります。誰のせいでしょうか。あなた方です。アセンション、進化に向けて地球がコズミックエネルギーをできるだけ早く受け取る、そのプロセスにあなた方はブレーキをかけているのです。

あなた方のテクノロジーは何のために作られたのでしょうか。人々をファンタジーに誘い、富と権力を得て人類をコントロールするためです。**テクノロジーの中には無条件の愛は存在しません。人やロボットを通して人類をコントロールする道を進んでいます。**

太陽フレア、フォトンベルトなどのコズミックエネルギーが降りてきて、テクノロジーのエネルギーに触れるようになれば、破壊されることになります。破壊というより、あなた方のテクノロジーは機能しなくなるでしょう。宇宙エネルギーの変化に順応していないからです。人も同じです。

宇宙にも区別しなくてはならないネガティブなポータルが沢山あります。全てが光ではありません。宇宙から受け取るエネルギー、情報が光であれば、あなた方に生きることを教え、問題を解決し、前に向かって進むのを助けます。

しかし、大半の人々は宇宙とのコミュニケーションに対して扉を閉ざしています。宇宙の法則から降りてくるものに対して心を閉ざし、テクノロジー、コントロールに対して心を開いています。

それではエゴなどネガティブエネルギーによって生み出された人類の集合意識に従

って生きていくことになるでしょう。宇宙の変化に順応し、前に向かって進んでいくことはできないでしょう。でも進み続けていけるとあなた方は信じています。

現在、あらゆる楽しみが簡単に手に入るからです。5年後、10年後、15年後、地球はどうなるのかは考えていません。今だけを考えて生きています。

食べ物、飲み物はあるだろうか。ないでしょう。娯楽はあるだろうか。ないでしょう。

今よりもひどいコントロールマトリックスの惑星と化していることでしょう。そこにあなた方の多くが残ることになるでしょう。

地球がアセンションを果たさなければ、ファンタジーに包まれた素晴らしい地球を求める人々はここに残されることになるでしょう。新生地球はここから離れていくからです

地球がアセンションをすればエネルギーは変化し、ここから消滅します。古い地球は、痕跡、ホログラムのように残されるでしょう。集合意識、社会システムと同じように考える人は皆、ホログラムの地球の中で生きることになるでしょう。大きな危険です。

ホログラムの地球を統治するために誰が来るのでしょう?　あなた方の指導者と共

に働いているネガティブな地球外生命体です。宇宙には沢山のホログラフィック惑星があります。

あなた方が信じるスピリチュアリストの多くもホログラフィック惑星とコンタクトを取っています。そこの神々や存在と繋がり、様々な情報を受け取っています。ホログラフィック惑星、ホログラフィック星です。

地球もこのまま進めば新生地球はアセンションをし、古い地球はホログラフィック惑星と化し、それは今の人類の映し鏡となるでしょう。

ホログラフィック惑星と化す地球

それは集合意識によって作られた偽の地球です。人の集合意識のエネルギーが地球を覆っています。都会など集合意識のエネルギーが強いところでは、繊細な人は頭が重くなったり、気分が悪くなったりするでしょう。

人類が放つ情報、思考形態、ネガティブなエモーションや感情、これらのホログラフィックエネルギーが、あらゆるところでテクノロジーが放射する電磁波ドームにダブって存在しています。

ホログラフィック惑星はバーチャルリアリティの世界であり、その背後にはネガテ

ィブな地球外生命体がいます。彼らは、あなた方の足下の内部地球に住み、スピリチュアリティに無関心の人、繊細な人を求めています。

自らのスピリットを強化しなければ、ネガティブな地球外生命体の世界の次元で振動しやすくなります。そうなれば体は自由に動いても、思考形態が縛られ、おかしな行動を取るようになります。

人類社会は、集合意識のホログラムのエネルギーによる電磁場で覆われています。デジタル化は集合意識のエネルギーを強化するので、スマホがあれば安心、幸せ、それがなくなれば死んだほうがましと思うようになるのです。個が集合意識に飲み込まれているからです。

一方、その重たく濃密で切り刻むような鋭いエネルギーは、繊細な人、素直で優しい人、植物、動物を苦しめることになります。これが人類が創造しているホログラフィック惑星です。

Section 29 迫り来るパラレル現実界と走る人類――加速する人類の時間

最近、あなた方の世界では子供までも時間が速いと言っているようですね。今日は今まで触れたことがなかったテーマ、あなた方人類の時間についてお伝えしましょう。皆さんがニュース、新聞、雑誌などで目にするように、現在、物事が急速に動いています。日本だけではありません。世界中がそうです。

社会に存在する目の回るようなスピード、急激な変化の中で、社会の動き、国々の動きに未来を見据えたビジョンがなくなっています。ビジョンがないので何もない空間、無の空間ができ始めています。

例えば、原子力エネルギー。それは危険なエネルギーだとしていた国々も突如クリーンエネルギーであると主張し始めました。あなた方の国もあれほどの原発事故を体験しながら、安全安心の未来のエネルギーとして原子力の道を歩もうとしています。

デジタル化、ＡＩ化もそうです。それらのシステムはかつてなかった社会問題をあらゆるところで生み出しながら、あたかもあなた方が幸せになるための唯一の道であるかのごとく進んでいます。

でも、強烈な太陽フレアが来れば何が起こるのか考えていません。宇宙があらゆるレベルでエネルギー構造を変化させていけば何が起こるのか考えていません。今この瞬間だけを見ています。

今自分たちがしていることが何をもたらすのか考えません。今そこにお金を投入すれば、これから起ころうとしていることに対してお金があるのか、考えません。でもこれはほんの一部の例に過ぎません。

人類は誰のために、どんな目的でこんなにあわて急いでいるのでしょうか。一部の人が残りの人類をコントロールしようと焦っているためでしょうか。

人類は道を見失っています。何を求めているのか分かりません。未来がどうなるのかも見えていません。一貫性がなく、全てが刹那的です。

さて、アストラル界ですが、それはあなた方が住んでいる世界とは異なる時空の、見えない世界です。

人類は、進化、アセンションのプロジェクトに従って進むために光の時空のアストラル界と繋がる代わりに、地球のパラレル現実界と繋がって進んでいます。

光のアストラル界はアストラル中位以上に存在しています。そこにあなた方をサポートしたいと思っている光の存在、神々がいるのです。

お伝えしましたように、地球にはあなた方がいる世界を含め28のパラレル現実界が存在します。現在人類は、人が作った時間によって支配されている28のパラレル現実界の一つに繋がり、しばらく前からその世界が、あなた方の住んでいる地上で機能し始めています。

どうして人類は走っているのでしょうか。

そのパラレル現実界は、AIや5Gシステムなどのテクノロジーによるコントロールシステムを急いで普及させていかなくてはならないというコントロールマトリックスの結果、誕生したテクノロジーの世界です。テクノロジーにはスピードが求められます。

現在、母なる地球に住む全ての人々は、真剣にスピリチュアリズムを求めている人々、真のスピリチュアリストを除き、そのパラレル現実界に住んでいます。90％以上の人類がその世界と振動しています。

そのため時間は日毎に速くなっています。時間が速くなればなるほど、速く年を取ることを意味します。人のメンタルも速く老いていきます。昔の人は寿命は短かったかもしれませんが、生きた時間はずっと長かったのです。

肉体はスピリットの乗り物であり、本来人は、形あるもの（物）とスピリットの間で生きていくはずだったのですが、スピリットを横に置き、物の世界だけを見るようになりました。

そのためスピリチュアリティも消えていき、あなた方の中には何も残らなくなる時が来るでしょう。いつも忙しい、時間がないと言いながら物質時間の中を走り、霊的時間に触れることもありません。

人類は地球での転生を始める前に宇宙から来た時、大なり小なりスピリチュアリティを持っていたのですが、時間の速いテクノロジーのパラレル現実界に身を投じてしまった結果、その神聖な本質を失い、その時空に閉じ込められてしまいました。

だから次々と新しいプロジェクトを、新しいものをと探し求めて走っているのです。前に向かって進むためには役に立たないプロジェクト、失敗のプロジェクトです。

形はあっても架空のホログラフィック世界なので、未来のためのプロジェクトではありません。アストラル界の下に置かれているパラレル現実界のプロジェクトです。

アストラル界の時空は、あなた方が地上で住んでいるパラレル現実界とは大変異なるものです。

肉体を失った時、多くの人がこのパラレル現実界に行き、次にアストラル界へと移行することになるでしょう。でも普通のアストラル界ではありません。地上のパラレル現実界と同じ形であなた方を閉じ込めるファンタスティックな架空のアストラル界です。

それは時間も空間もないホログラフィック世界です。無の世界です。時間と空間がないので、進化もアセンションも何もありません。

誰がその無の世界を支配しているのでしょうか。ネガティブな存在、ネガティブな地球外生命体、彼らの基地です。

後、人々はネガティブな地球外生命体や邪神の内部地球の秘密基地や地上の次元間スペースにある基地に連れていかれることになります。物理的に説明すれば、あなた方が今いるところの上か下です。

従って各国が計画、推進しているプロジェクトは未来がないどころか、人類は次第に衰退に向かい、大きな壁に突き当たり、前に向かって進むことはできなくなるでしょう。

その壁を乗り越えるために新しいファンタジー、新しいものに出口を見出し進んでいるかのように見えるかもしれませんが、本物のパラレル現実界が母なる地球に降りてくるまで、同じことを繰り返していくでしょう。

これから8年から10年ぐらいの間に、そのパラレル現実界が地球にドッキングし、あなた方の中に入ってくるでしょう。28の内のパラレル現実界の一つが入り込むなど地球のプロジェクトには全くなかったものです。

ここからレスキューオペレーションが始まります。理解できるでしょうか？　**ホログラムのパラレル現実界が完全に地球に降り立ち、全てを操作しようとする時、レスキューオペレーションが本格的にスタートします。**

普通に物の人生を生きてきて、スピリチュアルなレベルで自分と取り組むことをしなかった人々は、行き場がなくなるでしょう。光の船も、存在も、ポータルも彼らを救出することはないでしょう。そうなれば地球、出口のないトンネルに残されることになります。

その後、黒龍団の支配下にある様々な地球外生命体の船により、彼らの秘密基地に運ばれることになるでしょう。内部地球にも地上にも沢山の基地があります。

8年はかからないかもしれませんが、コントロールのパラレル現実界が降りてきた時、人類は時空という網にひっかかり抜け出ることはないでしょう。巨大な網で一気に人類を捕らえるようなものです。

このまま進めば、救出される人は多くても10%ぐらいでしょう。その人々は網にひっかかることはないでしょう。

その瞬間まで努めてきた霊的ワークによって振動するエネルギーにより、サンサラの輪（輪廻転生のサイクル）のように、現在のパラレル現実界から抜け出し、より高いパラレル現実界に存在することになるでしょう。

そこに船団を組む光のチームが救出に来るでしょう。そして地球サイドの準備が整った時、地球のアセンションのプロセスで働くために戻る人もいるでしょう。求められるレベルに到達していない人々は光の惑星に搬送され、十分な高まりを得た時点でなら、地球のアセンションに参加することも可能でしょう。

でもネガティブな存在、黒龍団の下にあるレプティリアン、インセクトイドなどの地球外生命体に捕らわれた人々は、決して地球に戻ることはないでしょう。

物事はそのように変化しながら進んでいます。

＊お詫び：昆虫族は、インセクトソイデではなく正しくは「インセクトイド」です。今までの著書での間違いにつき、深くお詫びを申し上げます。
訳者

アウグスト・ジョルジェ・カンポス・ロドリゲス
マカオ生まれのポルトガル人。在日30年余。

セラピスト。

レイキ、プラーナ療法を探求した先に宇宙のクォンタムヒーリングと出会う。

多次元の扉を開くクォンタムヒーリングの世界との出会いにより、自分のメンター（霊的指導者）とコンタクトを取るようになり、メンターの指導の下、様々な次元の世界、内部地球、宇宙の世界を旅するようになる。

それ以降、メンターや光のメッセンジャーを通して、宇宙や内部地球の存在から、地球、人類、特に日本社会に向けられたメッセージを受け取るようになり現在に至る。

現在、デヴァレイキ、クォンタムヒーリングのセミナーやセラピー、多次元瞑想会などをパートナーと共に随時開催。

高木友子　たかぎ ゆうこ
ジョルジェのコラボレータとして共にヒーリングを学び、ヒーリングセッションやセミナー、瞑想会を開催。
共著として「悟ってもっとアセンション」シリーズ5巻、「令和元年からの［地球：人類］」、「パンデミックに突入した地球」（ヒカルランド）、「レイキ・光の存在・アセンション」（元就出版）がある。

ホームページ　cosmicreiki369.com
連絡先　japanreikirelax@yahoo.co.jp

人類の操縦者と【偽の地球】ホログラフィック惑星

第一刷　2023年1月31日

著者　A・ジョルジェ・C・R／高木友子

発行人　石井健資
発行所　株式会社ヒカルランド
〒162-0821　東京都新宿区津久戸町3-11　TH1ビル6F
電話　03-6265-0852　ファックス　03-6265-0853
http://www.hikaruland.co.jp　info@hikaruland.co.jp
振替　00180-8-496587
本文・カバー・製本　中央精版印刷株式会社
DTP　株式会社キャップス
編集担当　伊藤愛子

ISBN978-4-86742-205-2

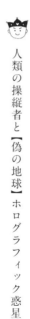

神楽坂ヒカルランド
《みらくる Shopping & Healing》
大好評営業中!!

宇宙の愛をカタチにする出版社　ヒカルランドがプロデュースしたヒーリングサロン、神楽坂ヒカルランドみらくるは、宇宙の愛と癒しをカタチにしていくヒーリング☆エンターテインメントの殿堂を目指しています。カラダやココロ、魂が喜ぶ波動ヒーリングの逸品機器が、あなたの毎日をハピハピに！　AWG ORIGIN®、メタトロン、音響チェア、ブルーライト、ブレインパワートレーナーなどなど……これほどそろっている場所は他にないかもしれません。まさに世界にここだけ、宇宙にここだけの場所。ソマチッドも観察でき、カラダの中の宇宙を体感できます！　専門のスタッフがあなたの好奇心に応え、ぴったりのセラピーをご案内します。セラピーをご希望の方は、ホームページからのご予約のほか、メールで info@hikarulandmarket.com、またはお電話で03-5579-8948へ、ご希望の施術内容、日時、お名前、お電話番号をお知らせくださいませ。あなたにキセキが起こる場所☆神楽坂ヒカルランドみらくるで、みなさまをお待ちしております！

★《AWG ORIGIN》癒しと回復「血液ハピハピ」の周波数

生命の基板にして英知の起源でもあるソマチッドがよろこびはじける周波数をカラダに入れることで、あなたの免疫力回復のプロセスが超加速します！

世界12カ国で特許、厚生労働省認可！　日米の医師＆科学者が25年の歳月をかけて、ありとあらゆる疾患に効果がある周波数を特定、治療用に開発された段階的波動発生装置です！　神楽坂ヒカルランドみらくるでは、まずはあなたのカラダの全体環境を整えること！　ここに特化・集中した《多機能対応メニュー》を用意しました。

A．血液ハピハピ＆毒素バイバイコース
(AWG コード003・204)　60分／8,000円
B．免疫 POWER UP　バリバリコース
(AWG コード012・305)　60分／8,000円
C．血液ハピハピ&毒素バイバイ+免疫 POWER UP
バリバリコース　120分／16,000円
D．脳力解放「ブレインオン」併用コース
60分／12,000円
E．AWG プレミアムコース　9回／55,000円　60分／8,000円×9回
※その都度のお支払いもできます。

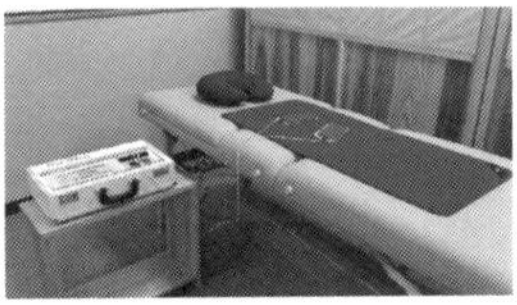

※180分／24,000円のコースもあります。
※妊娠中・ペースメーカーご使用の方にはご案内できません。

AWGプレミアムメニュー

1つのコースを一日1コースずつ、9回通っていただき、順番に受けることで身体全体を整えるコースです。2週間～1か月に一度、通っていただくことをおすすめします。

①血液ハピハピ＆毒素バイバイコース
②免疫 POWER UP バリバリコース
③お腹元気コース
④身体中サラサラコース
⑤毒素やっつけコース
⑥老廃物サヨナラコース
⑦⑧⑨スペシャルコース

★音響チェア《羊水の響き》

**脊髄に羊水の音を響かせて、アンチエイジング！
基礎体温1℃アップで体調不良を吹き飛ばす！
細胞を活性化し、血管の若返りをはかりましょう！**

特許1000以上、天才・西堀貞夫氏がその発明人生の中で最も心血を注ぎ込んでいるのがこの音響チェア。その夢は世界中のシアターにこの椅子を設置して、エンターテインメントの中であらゆる病い／不調を一掃すること。椅子に内蔵されたストロー状のファイバーが、羊水の中で胎児が音を聞くのと同じ状態をつくりだすのです！　西堀貞夫氏の特製 CD による羊水体験をどうぞお楽しみください。

A．自然音 A コース　60分／10,000円
B．自然音 B コース　60分／10,000円
C．自然音 A＋自然音 B　120分／20,000円

神楽坂ヒカルランド
みらくる
Shopping & Healing

神楽坂《みらくる波動》宣言！

神楽坂ヒカルランド「みらくる Shopping & Healing」では、触覚、聴覚、視覚、嗅（きゅう）覚、味覚の五感を研ぎすませることで、健康なシックスセンスの波動へとあなたを導く、これまでにないホリスティックなセルフヒーリングのサロンを目指しています。ヒーリングは総合芸術です。あなたも一緒にヒーリングアーティストになっていきましょう。

★ミトコンドリア活性《プラズマパルサー》

ミトコンドリアがつくる、生きるための生命エネルギーATP を３倍に強化！
あなただけのプラズマウォーターを作成し、
疲れにくく、元気が持続するカラダへ導きます！

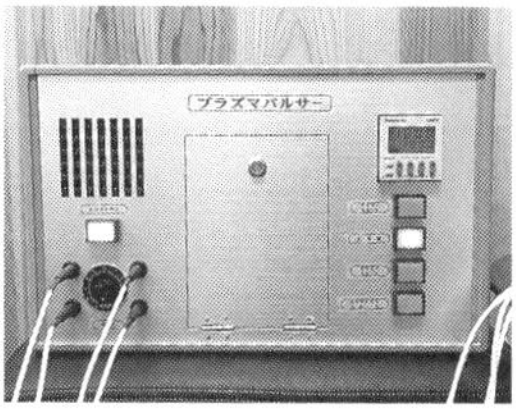

液晶や排気ガス装置などを早くからつくり上げ、特許を110も出願した天才・田丸滋氏が開発したプラズマパルサー。私たちが生きるために必要な生命エネルギーは、体内のミトコンドリアによって生産される ATP。この ATP を３倍に増やすのと同じ現象を起こします！　ATP が生産されると同時につくられてしまう老化の元となる活性酸素も、ミトコンドリアに直接マイナス電子を供給することで抑制。短い時間でも深くリラックスし、細胞内の生命エネルギーが増え、持続力も増すため、特に疲れを感じた時、疲れにくい元気な状態を持続させたい時におすすめです。

プラズマセラピー（プラズマウォーター付き）30分／12,500円（税込）

こんな方におすすめ

元気が出ない感じがしている／疲れやすい／体調を崩しやすい／年齢とともに衰えを感じている

※妊娠中・ペースメーカーご使用の方、身体に金属が入っている方、10歳未満、81歳以上の方、重篤な疾患のある方にはセラピーをご案内することができません。
※当店のセラピーメニューは治療目的ではありません。特定の症状、病状に効果があるかどうかなどのご質問にはお答えできかねますので、あらかじめご了承ください。

★植物の高波動エネルギー《ナノライト（ブルーライト）》

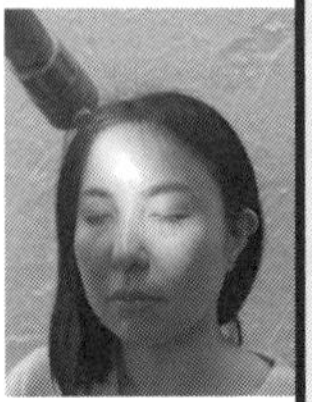

高波動の植物の抽出液を通したライトを頭頂部などに照射。抽出液は13種類、身体に良いもの、感情面に良いもの、若返り、美顔……など用途に合わせてお選びいただけます。より健康になりたい方、心身の周波数や振動数を上げたい方にピッタリ！

A．健康コース　7か所　10～15分／3,000円
B．メンタルコース　7か所　10～15分／3,000円
C．健康＋メンタルコース　15～20分／5,000円
D．ナノライト（ブルーライト）使い放題コース　30分／10,000円

★ソマチッド《見てみたい》コース

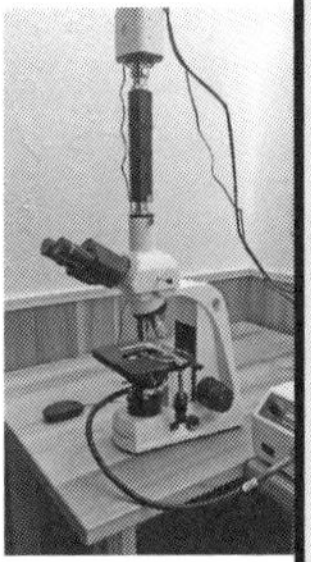

あなたの中で天の川のごとく光り輝く「ソマチッド」を暗視野顕微鏡を使って最高クオリティの画像で見ることができます。自分という生命体の神秘をぜひ一度見てみましょう！

A．ワンみらくる　1回／1,500円（5,000円以上の波動機器セラピーをご利用の方のみ）
B．ツーみらくる（ソマチッドの様子を、施術前後で比較できます）2回／3,000円（5,000円以上の波動機器セラピーをご利用の方のみ）
C．とにかくソマチッド　1回／3,000円（ソマチッド観察のみ、波動機器セラピーなし）

★脳活性《ブレインオン》

聞き流すだけで脳の活動が活性化し、あらゆる脳トラブルの予防・回避が期待できます。集中力アップやストレス解消、リラックス効果も抜群。緊張した脳がほぐれる感覚があるので、AWGとの併用もおすすめです！

30分／2,000円

★激痛！ デバイス《ドルフィン》

長年の気になる痛み、手放せない身体の不調…たったひとつの古傷が気のエネルギーの流れを阻害しているせいかもしれません。他とは全く違うアプローチで身体に氣を流すことにより、体調は一気に復活しますが、痛いです！！！

A．エネルギー修復コース 60分／15,000円
B．体験コース 30分／5,000円

★量子スキャン＆量子セラピー《メタトロン》

あなたのカラダの中をDNAレベルまで調査スキャニングできる
量子エントロピー理論で作られた最先端の治療器！

筋肉、骨格、内臓、血液、細胞、染色体など――あなたの優良部位、不調部位がパソコン画面にカラーで６段階表示され、ひと目でわかります。セラピー波動を不調部位にかけることで、その場での修復が可能！　宇宙飛行士のためにロシアで開発されたこのメタトロンは、すでに日本でも進歩的な医師80人以上が診断と治癒のために導入しています。
Ａ.Ｂ.ともに「セラピー」「あなたに合う／合わない食べ物・鉱石アドバイス」「あなただけの波動転写水」付き。

Ａ.「量子スキャンコース」　60分／10,000円
あなたのカラダをスキャンして今の健康状態をバッチリ６段階表示。気になる数か所へのミニ量子セラピー付き。
Ｂ.「量子セラピーコース」　120分／20,000円
あなたのカラダをスキャン後、全自動で全身の量子セラピーを行います。60分コースと違い、のんびりとリクライニングチェアで寝たまま行います。眠ってしまってもセラピーは行われます。
《オプション》＋20分／＋10,000円（キントン水8,900円含む）
「あなただけの波動転写水」をキントン水（30本／箱）でつくります。

★脳活性《ブレイン・パワー・トレーナー》

脳力UP＆脳活性、視力向上にと定番のブレイン・パワー・トレーナーに、新メニュー、スピリチュアル能力開発コース「0.5Hz」が登場！　0.5Hzは、熟睡もしくは昏睡状態のときにしか出ないδ（デルタ）波の領域です。「高次元へアクセスできる」「松果体が進化、活性に適している」などと言われています。

Ａのみ　15分／3,000円　　Ｂ～Ｆ　30分／3,000円
AWG、羊水、メタトロンのいずれか（5,000円以上）と同じ日に受ける場合は、2,000円

Ａ.「0.5Hz」スピリチュアル能力開発コース
Ｂ.「6Hz」ひらめき、自然治癒力アップコース
Ｃ.「8Hz」地球と同化し、幸福感にひたるコース
Ｄ.「10Hz」ストレス解消コース
Ｅ.「13Hz」集中力アップコース
Ｆ.「151Hz」目の疲れスッキリコース

地上の星☆ヒカルランド　銀河より届く愛と叡智の宅配便

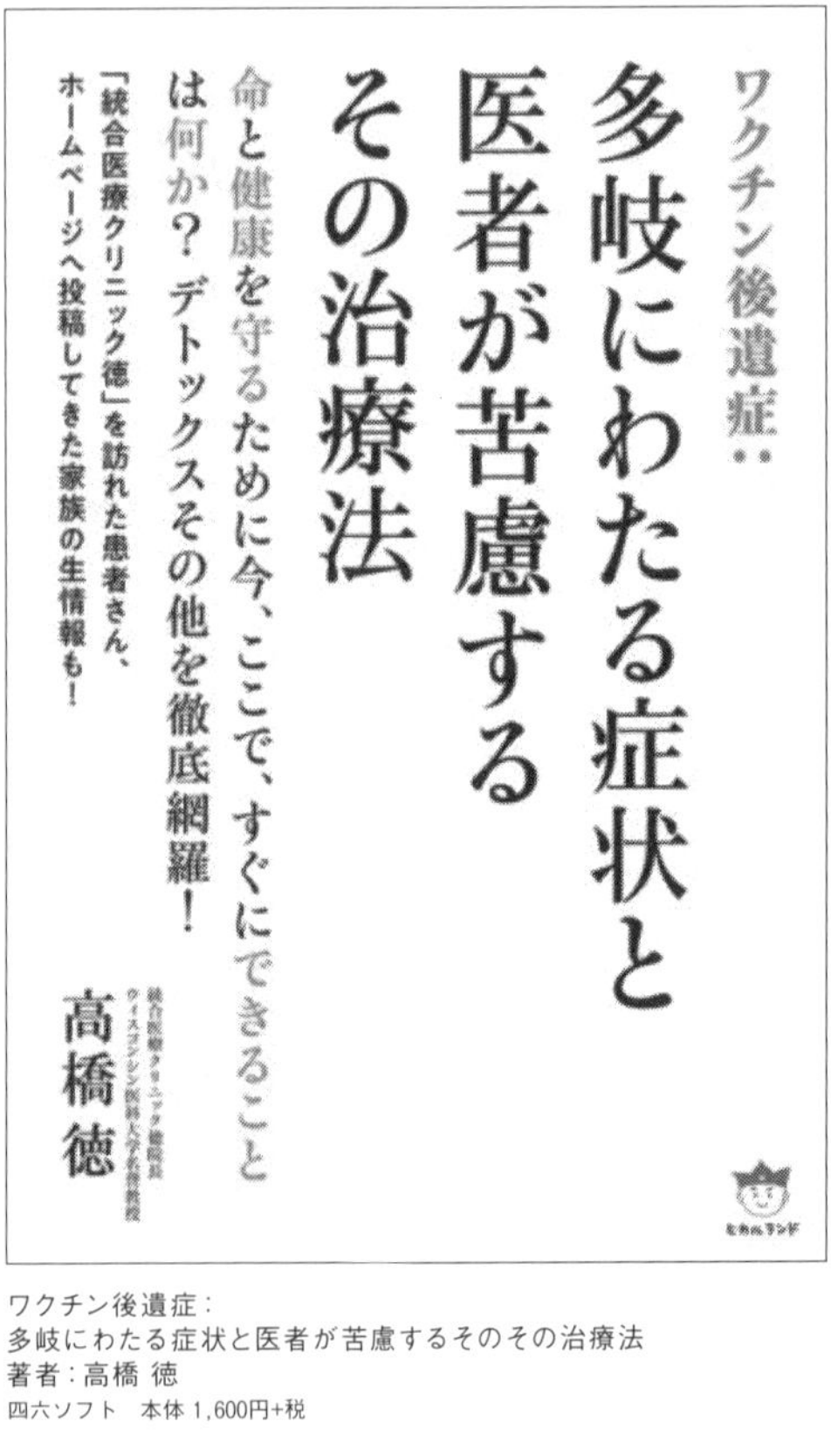

ワクチン後遺症：
多岐にわたる症状と医者が苦慮するそのその治療法
著者：高橋 徳
四六ソフト　本体 1,600円+税

ヒカルランド　好評既刊！

地上の星☆ヒカルランド　銀河より届く愛と叡智の宅配便

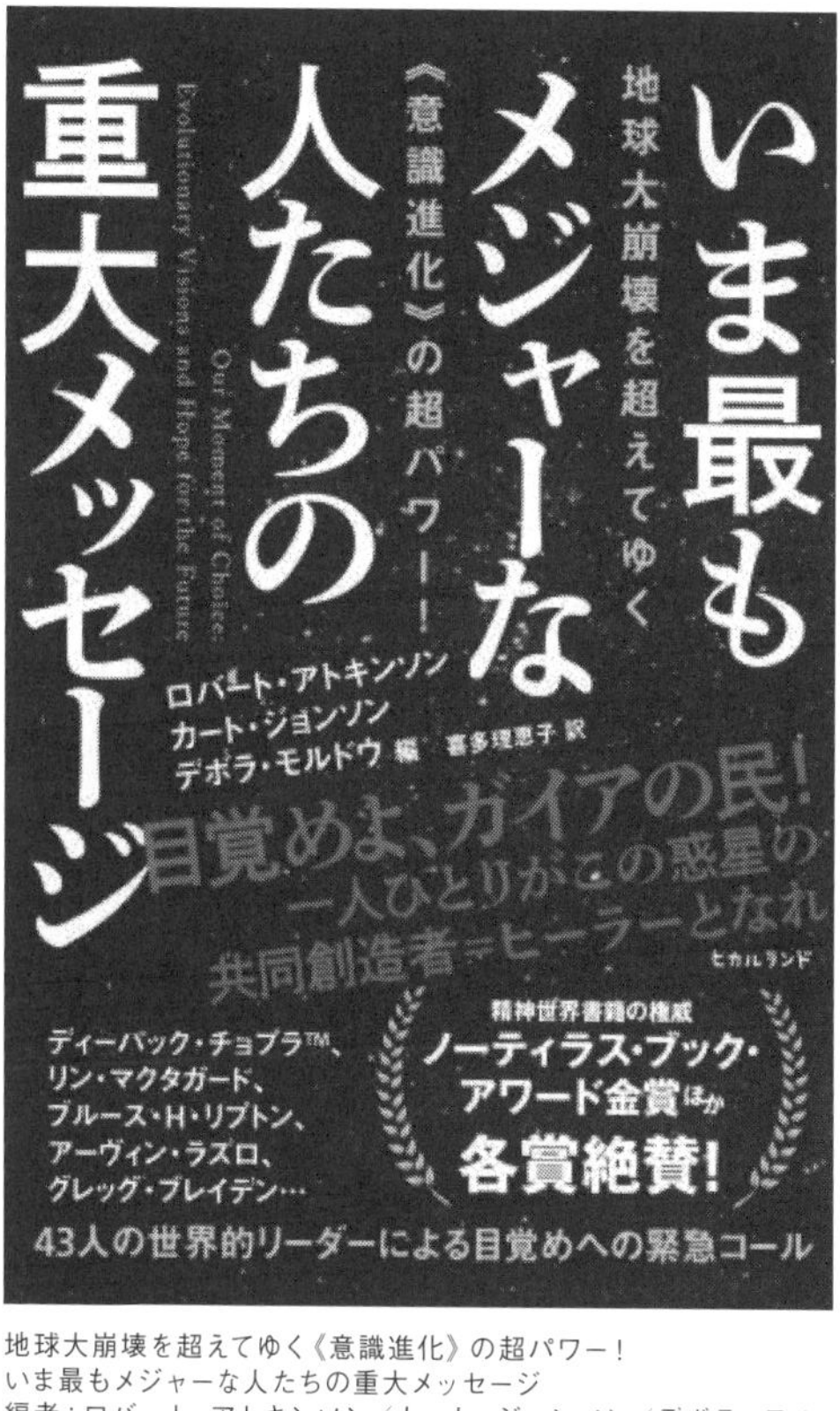

地球大崩壊を超えてゆく《意識進化》の超パワー！
いま最もメジャーな人たちの重大メッセージ
編者：ロバート・アトキンソン／カート・ジョンソン／デボラ・モルドウ
訳者：喜多理恵子
四六ソフト　本体 3,000円+税